产品经理
全栈运营实战笔记

林俊宇 著

化学工业出版社
·北京·

本书凝结作者多年的产品运营经验，读者会看到很多创业公司做运营的经验，书中列举了几十个互联网产品的运营案例去解析如何真正做好一个产品的冷启动到发展期再到平稳期。本书主要分为六篇：互联网运营的全面貌；我的运营生涯；后产品时代的运营之道；揭秘刷屏事件的背后运营；技能学习；深度思考。

本书有很多关于产品运营的基础知识，会帮助你做好、做透。而且将理论和作者自己的案例以及其他人的运营案例结合起来，会让读者更容易理解。

图书在版编目（CIP）数据

产品经理全栈运营实战笔记/林俊宇著.—北京：化学工业出版社，2018.11
ISBN 978-7-122-33037-6

Ⅰ.①产… Ⅱ.①林… Ⅲ.①互联网络-应用-企业管理-产品管理　Ⅳ.①F273.2-39

中国版本图书馆CIP数据核字（2018）第214097号

责任编辑：罗　琨　　　　　　　　　　　　装帧设计：韩　飞
责任校对：宋　夏

出版发行：化学工业出版社（北京市东城区青年湖南街13号　邮政编码100011）
印　　装：三河市双峰印刷装订有限公司
710mm×1000mm　1/16　印张16½　字数253千字　2019年1月北京第1版第1次印刷

购书咨询：010-64518888　　　　　　　　售后服务：010-64518899
网　　址：http://www.cip.com.cn
凡购买本书，如有缺损质量问题，本社销售中心负责调换。

定　　价：49.80元　　　　　　　　　　　　　　　　　版权所有　违者必究

Foreword / 自序

一

我已记不清我是如何进入互联网运营这个行业的,因为从大学时起自己就已开始闲不下来;创过业,小打小闹,也拿过学校举办的创业大赛优秀奖。而在微信公众号红利期的时候,也注册了一个来记录自己的校园经历,只不过那会儿只为给学弟学妹一些指导。现在看来,这些也算是关于产品运营的经历了,只不过那会儿还没有这样称呼而已。

在学校的最后阶段,准确地说是学校还没允许学生出来实习的时候,我就已经在努力寻找实习机会。

在找了将近一个半月的工作之后,终于找到自己较为满意的一家,工作岗位就叫做网站编辑。那时我并不知道这就是运营的一部分,每天都在写文章、编辑文章、找素材。这些工作比较烦琐,但也不敢怠慢。就这样一干就是半年,这半年也算对运营这个工作有了初步的认知。

后来我又跳槽到一家创业公司,在这里算是对产品运营有了进一步的认识,也从实习生一直做到运营经理这个位置。在此过程中我经历了产品运营的各个模块,从内容编辑、SEO优化、产品推广、SEM、活动运营、社群运营、BD合作等基本版块到整体统筹独立负责APP社区体系搭建,可以说是"无所不干"。那会儿我甚至还做了活动执行这块,为做好一场活动,跟着工程执行团队一起搭建活动现场，经常干到半夜三更才回去，晚上睡几个小时第二天起来继续干。从一名对运营基本没概念的实习生成长为公司产品运营的负责人，经历过的酸甜苦辣可能也只有自己才能体会到，而这本书正是结合我在做运营的前期遇到的各种困难，告诉大家我是如何走过来的！

二

这本书与其说帮你成为一名全栈运营，倒不如说是帮助你成为一名合格的运营人，因为里面有比较多的方法论和案例，都是我们在做运营时可以用上的。我将本书的主标题取名为"全栈运营"，其实就是想让大家奔着这个目标去，但是你得先要把运营这个领域做深了。

我想说的是：运营和产品的关系是密不可分的，它们既紧密相关，又彼此分离。它们的关系是"相爱相杀，相辅相成"的。就像鱼离不开水一样，产品离不开运营；产品把产品给生产出来，觉得自己很优秀，但却忽略了没有运营，产品就没有太大的销路，所以一款产品必须要有运营才会成功。而运营也是一样：如果没有产品，那么运营也将不复存在；即使有产品，但若是产品不给力，即使运营做得特别好，还是不会销售长久。

运营发展到现在，其实是始终伴随产品一起的，只不过那时不叫这个名字而已。从早期的BBS管理员、PC时代的网络推广，到现在的社会化媒体运营、APP推广等，都可被称为"运营"。也有人将其称为营销，不过又有点区别：营销更偏向于市场、客户去盈利；而运营则是更注重对用户的服务，从用户身上赚钱。

随着移动互联网时代，更准确地说是APP时代的到来。自从乔布斯推出"苹果"系列产品，APP就如同雨后春笋般地出现。现如今，APP可以说满足了用户在各行各业的需要，甚至出现了同时出现上千个同种类的产品去挣同一拨流量这样的壮观景象。在产品如此之多的情况下，能够脱颖而出往往是运营差异化做得特别好的产品。诸如滴滴、美团等。

"后产品时代"没有"颠覆"的意味，而是"融合"的体现。因此与其说本书是为运营正名，倒不如说是对运营和产品两者的全新审视。

三

本书凝结了我多年的产品运营经验。我主要的产品运营生涯是在创业公司度过的，所以读者会看到很多关于"在创业公司是如何做运营"的经验。此外，书中也列举了几十个互联网产品的运营案例，以此来解析如何从"冷启动"到发展期再到平稳期，真正做好一个产品的全过程。本书主要分为几大模块：互联网运营的全面貌；我在创业公司做运营的一些感悟；运营的"三驾马车"（内容、用户、活动）；产品运营人应掌握的技能以及如何学习；我对后产品时代运营的一些思考。

本书有很多关于产品运营的基础知识，有些可能是你知道的，但你却不会做，那么本书就会告诉你如何做好。同时，本书会先说理论，再结合自己的案例以及其他产品的运营案例，帮你吃透知识点，所以建议大家在阅读时做做读书笔记。

最后，对本书内容有任何意见或建议，欢迎交流指正。愿运营人共成长！

contents / 目录

第1篇 互联网运营的全面貌

第1章　运营二三事 ······ 02

1.1　互联网运营 ······ 03
1.1.1　什么是互联网产品运营 ······ 03
1.1.2　产品运营的发展历程 ······ 04
1.1.3　后产品时代的运营需要注意什么 ······ 09

1.2　运营的三驾马车 ······ 10
1.2.1　内容运营 ······ 10
1.2.2　用户运营 ······ 12
1.2.3　活动运营 ······ 13

1.3　运营的其他助推器 ······ 14
1.3.1　新媒体运营 ······ 14
1.3.2　电商运营 ······ 14

1.3.3 社群运营 15
1.3.4 渠道运营 16
1.3.5 APP 运营 16

第 2 篇 我的运营生涯

第 2 章 从初级运营到顶级运营 20

2.1 运营人该如何优雅地"打杂" 21
2.1.1 把每个环节的运营工作融会贯通，扩大自己的运营面 21
2.1.2 负责产品推广前需要清晰的推广步骤 22
2.1.3 沟通贯穿着运营的整个过程 23

2.2 优秀的运营是怎么处理工作的 24
2.2.1 陈述现在遇到的问题 25
2.2.2 分析现在遇到的问题 25
2.2.3 罗列出解决方案 26
2.2.4 评估匹配的资源是否充足 27

2.3 顶级运营与初级运营的区别 28
2.3.1 第一层，初级运营，现在的磨炼是以后的根本 30
2.3.2 第二层，中级运营，以方法论作指导，做正确的事 32
2.3.3 第三层，高级运营，运用丰富的资源把事情做得更好 34
2.3.4 第四层，顶级运营，运筹帷幄之中，决胜千里之外 35

2.4 从"打杂"成长为运营总监的真实历程 37
2.4.1 找份运营实习都会磕磕绊绊 38
2.4.2 开始的"打杂"是以后能力提升的资本 38
2.4.3 成为公司的运营负责人，学会做人的道理 39
2.4.4 创业公司适不适合做运营？ 40

2.4.5　审视自己的专业技能跟创业公司想要的人才是否匹配……41
　　2.4.6　在创业公司做运营，你能学到什么？……………………42
　　2.4.7　在小公司做运营需要注意什么？…………………………44

第3篇　后产品时代的运营之道

第3章　后产品时代的内容运营之道……………………48

3.1　基于时间视角做内容运营……………………………………49
　　3.1.1　什么是"基于时间视角做内容运营"…………………………49
　　3.1.2　如何搭建一个吸住用户时间的内容运营框架…………………51

3.2　社区类APP如何刺激用户产生优质内容……………………53
　　3.2.1　"第一印象"对社区的重要性…………………………………53
　　3.2.2　社区的活跃氛围能让目标人群留下来生产内容………………54
　　3.2.3　确定一批可以持续生产内容的意见领袖………………………55
　　3.2.4　对广告"零容忍"，还用户干净的环境，并建立一套管理机制…………………………………………………………………56

3.3　PGC和UGC平台内容运营的区别……………………………57
　　3.3.1　PGC与UGC的定义……………………………………………58
　　3.3.2　PGC与UGC的优点……………………………………………58
　　3.3.3　PGC与UGC的缺点……………………………………………58
　　3.3.4　PGC与UGC在内容平台的应用………………………………59

3.4　要做内容运营而不是内容编辑…………………………………60
　　3.4.1　内容运营与内容编辑的区别……………………………………60
　　3.4.2　内容编辑的出路…………………………………………………62

第4章　如何成为一个文案高手……………………………66

4.1 好文案的"六步曲" ·· 67
4.1.1 确定目标 ··· 67
4.1.2 找到受众 ··· 68
4.1.3 提炼卖点 ··· 68
4.1.4 选择渠道 ··· 69
4.1.5 文案套路 ··· 70
4.1.6 修饰文案 ··· 71

4.2 文案写作的"三要素":背景、冲突、答案 ·············· 72
4.2.1 "三要素"使用实例 ·· 73
4.2.2 "三要素"的强大之处 ······································ 75

4.3 不知名品牌的文案如何写 ······································ 77
4.3.1 保持神秘感,让用户充满好奇 ····························· 77
4.3.2 碰触创作禁忌,会让用户"抓狂" ························ 78
4.3.3 讲一个引人入胜的故事 ······································ 78
4.3.4 怎么讲好故事 ·· 79
4.3.5 说出消费者难以启齿的痛苦 ································ 80

4.4 文案标题的"三原则" ·· 81
4.4.1 先写个能概括文案的标题,然后再深入修改 ············ 81
4.4.2 把标题说清楚才有利于传播 ································ 82
4.4.3 取标题时多想想用户的工作、生活场景 ·················· 82

4.5 文案标题的 12 种套路 ·· 83
4.5.1 利益带入法 ··· 83
4.5.2 注入神秘感法 ·· 83
4.5.3 顶级权威法 ··· 84
4.5.4 贴标签法 ·· 84
4.5.5 场景带入法 ··· 84
4.5.6 "如何体"法 ·· 85

- 4.5.7 作比较法 ·· 85
- 4.5.8 疑问句法 ·· 85
- 4.5.9 稀缺性法 ·· 86
- 4.5.10 狂飙数字法 ······································ 86
- 4.5.11 抓住热点法 ······································ 86
- 4.5.12 错位法 ·· 87

第5章 后产品时代的用户运营之道 ·············· 88

5.1 用户运营的"5W2H"法则 ···················· 89
- 5.1.1 What——什么是用户 ······················ 89
- 5.1.2 Who——谁是你的用户 ···················· 90
- 5.1.3 Where——去哪里找到你的用户 ········ 95
- 5.1.4 When——不同阶段的用户运营策略 ···· 95
- 5.1.5 Why——用户为什么要买你的产品 ····· 96
- 5.1.6 How——如何吸引到你的目标用户 ····· 99
- 5.1.7 How much——获取用户的成本多高 ···101

5.2 利用人的八大生命原力建立激励体系 ······101
- 5.2.1 什么是人的八大生命原力 ················102
- 5.2.2 如何建立社区的用户激励体系 ··········103

5.3 用户运营的"骨灰级"玩法 ·····················106
- 5.3.1 知乎 ··106
- 5.3.2 B站是如何做用户运营的 ·················111
- 5.3.3 网易云音乐是如何做用户运营的 ······115

第6章 后产品时代的活动运营之道 ············ 120

6.1 从0到1构建活动运营体系 ····················121

- 6.1.1 要素一：活动背景 …………………………………… 121
- 6.1.2 要素二：活动目的 …………………………………… 121
- 6.1.3 要素三：活动时间 …………………………………… 122
- 6.1.4 要素四：活动主题 …………………………………… 122
- 6.1.5 要素五：活动具体内容 ……………………………… 123
- 6.1.6 要素六：推广渠道 …………………………………… 125
- 6.1.7 要素七：活动执行安排 ……………………………… 125
- 6.1.8 要素八：效果预估 …………………………………… 126
- 6.1.9 要素九：活动推进时间表 …………………………… 126
- 6.1.10 要素十：活动预算 ………………………………… 127
- 6.1.11 如何做活动的复盘总结 …………………………… 128

6.2 活动运营的番外篇 …………………………………… 130
- 6.2.1 好活动的标准的关键词之一：需求 ………………… 130
- 6.2.2 好活动的标准的关键词之二：创意 ………………… 132
- 6.2.3 好活动的标准的关键词之三：传播 ………………… 134
- 6.2.4 活动运营不得不关注的 3 大组数据 ………………… 135

6.3 天猫"双十一"活动有哪些值得借鉴的地方 …………137
- 6.3.1 跟着天猫学活动营销 ………………………………… 137
- 6.3.2 广告投放（线上、线下） …………………………… 138
- 6.3.3 站内资源策划 ………………………………………… 139
- 6.3.4 掀起全民直播热潮 …………………………………… 141
- 6.3.5 游戏 /H5 ……………………………………………… 142
- 6.3.6 联合大Ⅴ话题营销 …………………………………… 144
- 6.3.7 名人大咖坐镇现场 …………………………………… 144

第 4 篇
揭秘刷屏事件的背后运营

第 7 章　2016 年印象最深刻事件都是如何运营的⋯148

7.1 "新世相"的"丢书大作战"⋯⋯⋯⋯⋯⋯⋯⋯⋯⋯ 149
- 7.1.1 活动门槛低，调动用户参与积极性⋯⋯⋯⋯⋯⋯⋯ 149
- 7.1.2 活动推广要联合其他媒体，并与公益联系在一起⋯⋯ 151
- 7.1.3 利用明星强大的传播号召力，为活动站台⋯⋯⋯⋯ 152
- 7.1.4 好的创意需要强大的执行力去支撑⋯⋯⋯⋯⋯⋯⋯ 152
- 7.1.5 对目标用户需求的敏锐洞察力，让活动引起现代人的关注⋯ 153

7.2 零食届第一"网红"——卫龙辣条的爆红之路⋯⋯⋯ 154
- 7.2.1 消费升级下的零食界，卫龙抓住了机遇⋯⋯⋯⋯⋯ 155
- 7.2.2 开启"自黑"模式⋯⋯⋯⋯⋯⋯⋯⋯⋯⋯⋯⋯⋯ 157
- 7.2.3 卫龙的借势营销⋯⋯⋯⋯⋯⋯⋯⋯⋯⋯⋯⋯⋯⋯ 158
- 7.2.4 卫龙的"高端"线下实体店⋯⋯⋯⋯⋯⋯⋯⋯⋯⋯ 159

7.3 如何才能打造"爆点事件"⋯⋯⋯⋯⋯⋯⋯⋯⋯⋯⋯ 161
- 7.3.1 "爆点事件"都是不可测的⋯⋯⋯⋯⋯⋯⋯⋯⋯⋯ 161
- 7.3.2 "爆点"需要革命性创新⋯⋯⋯⋯⋯⋯⋯⋯⋯⋯⋯ 163
- 7.3.3 需求，利用三种心理法则⋯⋯⋯⋯⋯⋯⋯⋯⋯⋯ 164

第 5 篇
技能学习

第 8 章　产品运营需掌握的七大技能与学习方法⋯168

8.1 文字功底是产品运营必备的第一大技能⋯⋯⋯⋯⋯⋯ 169

  8.1.1　产品运营需要有扎实的文字功底 ················· 169
  8.1.2　如何写好文案 ·· 169
  8.1.3　推荐的文案书籍 ······································· 173
8.2　一个运营人需掌握的营销推广步骤 ························ **174**
  8.2.1　明确目标 ··· 175
  8.2.2　明确用户 ··· 176
  8.2.3　制作内容 ··· 176
  8.2.4　选择渠道 ··· 177
  8.2.5　数据监测 ··· 177
  8.2.6　调整优化 ··· 178
8.3　如何用一款 APP 培养产品思维 ···························· **180**
  8.3.1　什么是产品思维 ······································· 180
  8.3.2　如何锻炼自己的产品思维 ························· 181
8.4　沟通不到位，再好的运营策略也白搭 ···················· **183**
  8.4.1　相互信任，是双方有效沟通的前提 ············ 184
  8.4.2　口头说明很重要，但是书面表达则有理有据 ··· 184
  8.4.3　我们需要的是对等的沟通，不是命令式的沟通 ··· 185
  8.4.4　多站在对方角度去想好问题再去想沟通的方式 ··· 185
8.5　我们来看看小宇的目标梳理能力 ·························· **187**
  8.5.1　策划线上活动（预计增粉 4500） ············· 189
  8.5.2　撰写优质的文章投稿（预计增粉 1500） ··· 189
  8.5.3　公众号互推（预计增粉 2000） ················ 190
  8.5.4　自有粉丝增长（预计增粉 2000） ············· 190
  8.5.5　小宇的数据分析 ······································· 191
  8.5.6　运营目标梳理时要注意的 3 点事项 ··········· 193
8.6　数据分析能力是未来运营的分水岭 ······················· **193**
  8.6.1　数据从哪里获取 ······································· 194
  8.6.2　数据的具体分析 ······································· 195

8.6.3 产品需要关注的数据维度……197

8.7 对商业的分析是运营人最高层次的能力……198
    8.7.1 实战经验的商业分析……199
    8.7.2 作为运营人，怎么锻炼商业分析能力……200

8.8 从"运营喵"到运营总监的 T 字型学习法！……201
    8.8.1 工作——从简单到负责，做到极致化及流程化……202
    8.8.2 运营的心态极其重要，不要让糟糕情绪影响全局……204

8.9 如何高效地摄取运营知识……206
    8.9.1 获取知识……207
    8.9.2 运营信息来源渠道选择……207
    8.9.3 我们应该如何去理解一篇运营干货类文章？……208
    8.9.4 从点到面拓展……209
    8.9.5 放到实战去检验……210

第 6 篇 深度思考

第 9 章 关于运营的一些思考……214

9.1 产品和运营是什么关系……215
    9.1.1 运营策略的重要性……216
    9.1.2 产品与运营的关系……216

9.2 运营该不该跟在 KPI 后面走……217
    9.2.1 "支付宝"的一丝涟漪，不会激起千层浪花……218
    9.2.2 百度的业绩与价值观，KPI 就是万恶之源？……219
    9.2.3 那 OKR 适合应用在产品运营吗？……220

9.3 产品运营的核心价值是什么？……222
    9.3.1 传递产品价值，使产品实现从 1 到 100……222

9.3.2 助力产品不断完善，延续产品生命周期……………223
   9.3.3 以结果为导向，帮公司赚更多的钱……………………225
9.4 为什么运营要走向精细化？又该如何做？……………226
   9.4.1 为什么需要精细化运营？………………………………227
   9.4.2 精细化运营又该如何做？………………………………228
   9.4.3 内容运营：精准分析每一篇文章的效果………………229
9.5 做好互联网运营工作，必备的10种互联网思维………231
   9.5.1 用户思维……………………………………………………231
   9.5.2 数据思维……………………………………………………233
   9.5.3 逻辑思维……………………………………………………235
   9.5.4 场景化思维…………………………………………………236
   9.5.5 流程化思维…………………………………………………238
   9.5.6 杠杆化思维…………………………………………………240
   9.5.7 生态化思维…………………………………………………241
   9.5.8 商业思维……………………………………………………242
   9.5.9 极致思维……………………………………………………242
   9.5.10 跨界思维……………………………………………………243

结语………………………………………………………245

第1篇

互联网运营的全面貌

第 1 章
运营二三事

毫无疑问，进入任何行业前，我们都需要对自己所在行业的基本情况以及发展历程有所了解。产品运营并非是近几年才有的新兴岗位，而是有着超过 20 年历史、随互联网的出现诞生并延续到现在。当然，你也可以说产品运营是个比较新的名词，因为这一概念近几年才被大众所接受，特别是现在，很多企业都开始重视其价值，运营开始全面崛起。

1.1　互联网运营

想要进入"运营"领域就要先了解运营的概念,本小节将系统地阐述互联网运营的概念、发展历程。

1.1.1　什么是互联网产品运营

产品运营,既是"后产品时代"的重要职能岗位,又是使产品再次绽放光彩的重要手段。未来,运营在移动互联网世界里所起的作用将愈发重要。

既然互联网产品运营这么重要,那它具体是做什么的呢?我整理了网上比较流行的一些回答。

- 形成认知的过程:产品运营就是不断引导并增加用户认知的长期过程,而这个认知是让用户感觉到——我们的产品价值跟他们的预期是一样的。
- 运营就是基于互联网产品,以最低的预算、最优的路径、最高效的执行、最有效的手段吸引大批忠实用户,建立产品在市场上的竞争壁垒,并最终取得产品市场成功的过程。

看完上述关于产品运营的定义后,我们就可以将其大致概括为:当一个产品出来后,我们就要用一些方法,把这个产品(服务)推给目标用户,让他们欣然接受它,让其对我们的产品产生忠诚度,进而不断去产生价值。

这就是互联网产品运营的定义,也是很多小伙伴刚进入运营这个行业时的初步认识,但说到底这个概念是偏抽象的。在我们对互联网产品运营有了概念性认知之后,还要研究产品运营的过程中运用到的知识、技能、方法、思维等,这是接触互联网产品的运营人应掌握的东西。

我们将会在接下来的章节中细说产品运营应掌握的知识、技能以及思维。

1.1.2　产品运营的发展历程

产品运营的发展史主要分为四个阶段，分别是：
- 随着互联网进入中国，运营开始出现
- 以流量为中心的产品运营
- 以用户为中心的产品运营
- 产品运营的全面崛起

1. 伴随着互联网进入中国，运营开始出现（1994~1999年）

1994年4月20日，通过一条64K的国际专线，中国的"互联网时代"从此开启。门户网站开始如雨后春笋般出现，中国互联网正式进入"门户"时代，其主要表现为：

1997年5月，丁磊（26岁）自立门户，50万元创办网易公司。

1997年1月，张朝阳创办爱特信ITC，并在1998年2月25日将其更名为"搜狐"，正式推出相关产品。

1998年11月12日，马化腾、张志东、许晨晔、陈一丹、曾李青共同创立腾讯科技(深圳)有限公司。

1998年12月，四通利方与美国华渊资讯网合并，新网站取名"新浪"。

而在互联网进入中国前，大约在1991年，国内出现了第一个BBS站。经过长时间的发展，直到1995年，随着计算机及其外设的大幅降价，BBS才逐渐为人所知。到了1996年，BBS更是以惊人的速度发展起来。根据性质的不同，国内的BBS站可以分为两种：一种是商业BBS站，如新华龙讯网；另一种是业余BBS站，如天堂资讯站。由于使用商业BBS站要交纳一笔费用，而商业站所能提供的服务与业余站相比并无优势，所以其用户数量不多。基于个人关系，多数业余BBS站的站长每天都互相交换电子邮件，渐渐地形成了一个全国性的电子邮件网络——China FidoNet（中国惠多网），大大小小的网络论坛也在此时生长并消亡着，而随着网络的迅猛发展，网民们也逐渐分为各种类型，细化分类的网络社区呼之欲出。

1999 年，生在江苏、长在陕西的苏秦成立了以社区为主的"西陆"网站，此时，远在海南的"天涯社区"和古都南京的"西祠胡同"，也以各具特色的社区服务抢夺着网民。这三家都是带有商业背景的社区网站，与第一代的网络论坛的创立者不同，他们从一开始就以规范的运作流程吸引新网民的加入，因此完成了"圈地运动"，从而可以用庞大的网民资源开展商业活动。

　　而此时的产品运营者并不叫"运营者"，而是叫"网络编辑"。他们的工作也是比较简单，因为那时互联网的发展并不充分，而会上网的人在全国也不是很多，因此，在后台操控着网站的人的工作，无非就是删帖、置顶、维护整个网站的平稳发展；而门户网站的网络编辑的主要工作则是采写与编辑，使网站有内容供给用户阅读。

　　说得极端点，这些产品运营者其实就是现在的"内容运营"，他们的工作主要集中在内容的采编以及呈现。这就是产品运营第一阶段的工作内容，其随着互联网的出现而出现。

2. 以流量为中心的产品运营（2000~2005 年）

（1）搜索引擎的竞价排名出现

　　2000 年年初，李彦宏创立"百度"，开始为国内各网站提供搜索技术服务；2001 年，他推出新的商业模式——搜索引擎排名（针对企业进行收费服务，使其在搜索页面上优先排序，从而提高赢得新客户的可能性），公司逐步取得盈利。而在竞价排名业务取得成功后，百度很快甩开对手。根据美国调查机构 Alexa 统计，当时在竞价排名取得突破的百度已成为全球第二大独立搜索引擎商，在中文搜索引擎中位居第一。

（2）电商崛起

　　2001 年 12 月，阿里巴巴冲破收支平衡线，赢利达几万美金。它标志着中国互联网公司告别了烧钱岁月，向新经济公司盈利迈开了第一步！

　　2003 年 7 月 7 日，阿里巴巴宣布投资淘宝网站。

　　2005 年 10 月，中国互联网历史上规模最大、影响最深远的一场并购大戏开幕，主角分别是两大网络巨子：雅虎"酋长"杨致远和阿里巴巴CEO马云。雅虎将以10亿美元参股阿里巴巴，并获得35%的股权。

（3）网游快速发展

2001年11月，网易推出《大话西游Online》，吹响了门户网站进军网络游戏产业的号角。这一举措让网络游戏成为门户网站新的利润增长点。

2001年11月，上海盛大代理的《传奇》正式上市。几乎没人想到，盛大会因网络游戏成为今后两年中国网络游戏的最大赢家。

2002年1月，网星公司代理的《魔力宝贝》上市，这款来自日本的网络游戏迅速取代了《石器时代》在Q版网络游戏领域的地位。

2002年5月，蝉童软件推出《决战》，"韩流"已势不可挡地席卷整个中国网络游戏市场。

搜索引擎、电商、网游的快速发展，使得所谓的"流量红利的窗口期"出现。彼时，家家户户都开始接入互联网，网民的数量每年都在呈指数增长。互联网企业垂涎欲滴着这个流量的金矿，而互联网这个新鲜事物已经满足了大多数人获取信息的需求，而用户体验显得没那么重要，于是出现了粗放式的运营手段。

何为粗放式运营？这里举几个例子：

用户在使用当时的搜索引擎时，会经常看到插件推广、弹窗广告等；

用户在网吧上网时，可以买到各种各样的点卡、游戏卡，这些都是网游公司与网吧代理合作的模式；

而当时还有论坛软文、竞价排名、传统电视广告等推广方式，这些都是十年前从事运营行业的小伙伴常用的手段。

这就是10年前的粗放式运营手段，之所以出现这种手段，跟当时的网民对互联网的认知还停留在相对稚嫩的阶段，以及互联网政策法规的缺失等大环境息息相关。

而在当时，运营已经慢慢崭露头角，SEO、SEM、电商运营，网络编辑就是那个时代的代表，他们的工作跟现在的很多运营小伙伴有很多相似之处，只不过他们还不知道，自己那时的工作其实就是产品运营。

3. 以用户为中心的产品运营（2006~2011年）

在这5年间，互联网（特别是PC端）以光速发展着。此时，互联网（特指PC互联网时代）以BAT（百度、阿里巴巴、腾讯）为中心的格局已经开始出现雏形。

同时，"草根文化"开始兴起，豆瓣、知乎、微博等UGC产品以及社交媒体、在线视频、SNS等开始出现，并进一步推动整个互联网的快速发展。一大批"草根"依附于各种各样的社交网络，不断地进行炒作，逐渐在圈子里流行开来，所谓的"网红"由此产生，如"木子李""当年明月"等。

而CNNIC中国互联网统计报告（图1-1）显示，中国的网民数从2006年1月17日的1.1亿上升至2011年7月19日的4.85亿，增长了近4倍。越来越多的用户开始上网，所以用户的注意力成了各位商家需要抢夺的稀缺资源。

发布时间	网民数	上网计算机	CN域名	宽带用户	拨号用户
2011.07.19	4.85亿	3.18亿	1.31亿	183万	—
2011.01.19	4.57亿	3.03亿	1.25亿	191万	—
2010.01.15	3.84亿	—	1345万	3.46亿	
2009.07.16	3.38亿	—	1296万	3.2亿	
2009.01.13	2.98亿	—	1357万	2.7亿	
2008.07.24	2.53亿	8470万	1190万	2.14亿	—
2008.01.17	2.1亿	7800万	900万	1.63亿	2338万
2007.07.18	1.62亿	6710万	615万	1.2244亿	3160万
2007.01.23	1.37亿	5940万	180.3万	9070万	3900万
2006.07.19	1.23亿	5450万	119万	7700万	4750万
2006.01.17	1.11亿	4950万	109.7万	6430万	5100万

图1-1 CNNIC中国互联网统计报告

在这一背景下，用户是唯一的中心。那时，用户的作用无非两种：
- 创作内容

● 消费内容

平台需要做的事情就是尽力吸引用户的眼球，并让他们创作或消费内容。而其运营手段就是免费和付费两种。

第一种手段就是以购买流量的方式快速获得用户，而其根本就是资本，所以企业需要通过融资获得流量。只要你想创业，就得融资——这是企业活下去的源泉。

而第二种手段是社会化媒体的推广，即将各类内容、活动在各类 UGC 社区上推广、营销，比如早期的门户网站、博客、微博，便以此来获得免费流量。

也正从这时候开始，维系用户的手段也开始变得越来越重要，而用户留存率、活跃率、用户流失率等指标也开始受到运营人的重视。"用户运营"这个岗位也开始由专人负责，而产品运营的各个模块也开始出现细化的趋势，产品运营这个概念也开始慢慢被大众所熟知。

4. 产品运营的全面崛起（2012 年至今）

产品运营的全面崛起建立在移动互联网与生活的深度融合上，以及产品同质化严重的背景下，因此才被普遍提起并重视。

在移动互联网时代，信息的传播更加迅速，智能手机遍布全球，大数据开始左右生活，这一切都催生着一批又一批的互联网产业迅速崛起。而在这样的背景下，产品运营这个职能越来越重要，而产品发展的历史也告诉我们：运营是产品生命周期的延续，是不可缺少的职能之一。在这里需要提起我之前曾提出的一个概念：后产品时代。

后产品时代并没有否定产品经理的作用，而是说现在的产品更需要其他职能的介入，才能发挥其最大价值。总结起来就是一句话：产品是 1，但没有后面的运营就永远都是 1；运营是后面的 0，但没有前面的 1 就永远是 0。

而现在的产品运营者以新媒体运营、社会化媒体营销、各类 APP 推广等为工作重点，这些也是产品运营人接触最多的工作项目。但是，互联网产品运营发展到现在，有一条主线永远不会变，那就是运营的"交叉现象"。

"交叉现象"就是：产品运营的每个岗位跟其他任意岗位都会有重叠，这导致很多运营人直到现在都觉得，产品运营就是个打杂的岗位，这也是很多运营人做不好运营的根本原因。本书将在第 2 章详细阐述这个原因，以及我们应该如何正确看待这个问题。

1.1.3 后产品时代的运营需要注意什么

1. 切勿掉入产品与运营孰轻孰重的陷阱

近几年，对一家企业来说，随着运营的作用越来越重要，关于产品与运营谁比较重要的讨论频繁出现。与此同时，很多运营大咖与产品经理也展开过激烈讨论。到了 2017 年，还有人（甚至企业）认为产品、技术为核心驱动力，运营为附属。在我看来，这完全是对互联网商业缺乏理解所导致的。

产品和运营需要友好，但更需要摩擦。

2. 对运营岗职分工进行人为割裂，只局限在自己的小天地

当你决定做互联网运营时，就注定是要涉猎多个领域。比如，你做用户运营，在达到一定程度后，就必须要接触内容、活动、社群、渠道等其他领域的运营。并不是说你只用懂用户，而不需要懂产品、传播、渠道等东西。

未来，运营会越来越重要，而运营人就不能局限在自己的小天地里，只懂自己的产品就好，而是要向"全栈运营"进阶。"全栈运营"指的是：作为运营人，你不只要懂品牌传播、社群运营、内容运营、渠道投放等，还要懂得画原型、竞品分析、需求调查。"十八般武艺，样样精通"，这就是后产品时代对运营人的要求。

3. 后产品时代的运营重点是节省用户的时间

在当前的产品运营界，大多数运营人都会将运营重点放在获客成本上，即 CAC（Customer Acquisition Cost）。这是由大环境决定的。如果公司已经获得 A 轮、B 轮融资，甚至融到更多投资机构的钱，此时产品的 PV、UV

已经不是决定公司的生死存亡的关键因素，而是你的单个获客成本以及盈利能力，所以大家现在都把运营重心都放在用户的获取成本上，不惜用更多的时间做更多的用户运营，邀请更多的名人大咖去做分享，虽然这些都没错，但把用户时间作为牺牲品，直接后果便是浪费用户更多的时间。

罗振宇在2017年的跨年演讲中提到，未来的一切产品或服务的趋势都是节省用户时间以及把时间浪费在美好的事物上。做运营也同样如此，你的运营宗旨应该以时间作为落脚点。根据企鹅智酷发布的《2017自媒体趋势报告》流量红利的消退为企业的发展带来了挑战，过剩的内容与稀缺的用户注意力形成矛盾，阅读量与用户增长都遇到了瓶颈，这时运营的重心从争夺用户量到争夺用户的时间以及到深耕用户体验的更为关键的问题。内容运营、活动运营、用户运营都是为了让用户又快又好地节省时间，同时还要把用户的眼球集中在你的美好事物上。

1.2 运营的三驾马车

本节我们简单说说运营的三驾马车：内容运营、用户运营以及活动运营的定义，以及如何做好这三块的运营策略。

1.2.1 内容运营

我们首先来说说什么是内容。

凡是我们眼睛看到的都可以称为内容，但从运营的角度来看，做不同的内容需要不同的运营策略，比如资讯类内容、有干货型内容还有杂七杂八的内容，等等。

那我们怎样才能将这些内容更好地呈现给用户，即把这些内容卖给用户且能让其欣然接受呢？

其实，如果你是一个小编，那么从推送文章到用户反馈这一整个流程就是内容运营的过程。而在这期间，你将通过一些方法或内容策划，让目标用户更容易接受文章，从而提高产品的内容价值。

我们可以将内容的运营手段分为四个环节：内容采集、内容呈现、内容传播、内容效果反馈。

1. 内容采集

内容采集是内容运营的首个流程。我们暂且将其定位为传统报社的编辑。一个好的编辑需要在写作前确定好采写的方向、明确采写主题和意义等，需要将大的方向确定好，然后再往里填入血肉。同样，内容运营需要确定好定位、来源（UGC、PGC 或其他形式）、目标人群、意义和作用等。在明确这些大方向之后，就可以着手准备下一步的工作了。

2. 内容呈现

内容呈现是运营人员通过各种形式将内容编排好后呈现在用户眼前的过程。其中主要涉及内容的标题、排版、插图以及内容本身。

3. 内容传播

当你创作完一篇文章后，你是通过论坛或官网，还是微信、微博、贴吧等传播渠道进行宣传？除了首次传播之外，二次传播也很重要，甚至对某些产品的运营来说，二次传播的效果远大于首次传播。就比如，我今天写了一篇文章并首发到微信公众号，我的订阅者看到后觉得不错，便会分享到微信朋友圈让更多人看到。这个转发过程就是二次传播。

4. 内容效果反馈

当创作的内容通过传播渠道传播出去后，是否第一时间抵达用户？用户看到内容之后的感受是怎样？点击量有多少？阅读量有多少？种种疑问随之而来，那么如何才能对内容运营效果进行有效评估？那就要通过数据分析得出了。

这里讲几个内容运营时常用的数据维度：单个 IP 地址访问量、页面停留时间、跳出率、点赞量、收藏量等这些都是关键的数据。

而有了这些数据,通过对其详细分析,便可决定接下来该怎么去执行运营策略,通过数据去反馈效果是比较靠谱的分析思路,对内容受欢迎程度的提高大有裨益。

1.2.2 用户运营

我相信很多小伙伴在接触运营的时候,都会与用户接触,不管你是做内容运营、活动运营抑或渠道运营,你的目标都是用户,只不过是具体的目标不同而已。

所以,这里的"用户运营"指的是:以用户为中心,通过制定运营策略与确定运营目标(拉新、留存、促活、转化),与用户构建强关系的运营手段。

大家都知道,产品生命周期存在"种子期—增长期—平台期—衰退期"这样一个大的过程,那么与之对应的用户行为就有:注册—使用—熟练—活跃—盈利,如图1-2所示。

图1-2 用户的漏洞模型

用户运营的终极目的就是盈利,但用户成长的每个环节都伴随着用户流失。所以一个用户运营负责人要做的事,除了把每个环节的口子做大,还要尽量减少用户流失,最根本的工作就是了解用户,知道用户为什么来、为什么走、哪里可以改进。

1.2.3 活动运营

所谓"活动运营",不言而喻,就是围绕着某个事件进行一系列的策划、资源确认、宣传推广、效果评估等,增加产品曝光度、转化率的运营手段。

活动运营的基本思路分为活动前期准备、活动策划、活动执行、活动复盘四大步骤,而每个步骤内又有较为详细的小步骤,里面的细节共同组成了完整的活动。

一切活动都应该围绕内容和用户进行,在策划一场活动时,首先要确定的就是思维框架。举例说明:老板现在要你做一个提高转化的线上活动,如果纯粹是为完成 KPI 的话,我建议将活动与时事热点或节假日结合起来,这样可以快速找到用户的痒点,进行用户的拉新。那么如何将活动与时事热点或节假日结合呢?这里我们就要用到热点九宫格,如图 1-3 所示。

时间	人物	起因
深度	热点	空间
广度	数量	事物

图 1-3 九宫格思路

由图 1-3 可知,所谓"热点九宫格",即把热点相关的元素:时间、实物、空间、人、数量、广度、深度和起因以九宫格的形式相结合。

比如我们需要结合情人节做一个线上情侣活动,就可以将"热点九宫格"拿出来,对此次活动进行包装,这样就会清晰明了。而我们在做活动时,则会根据这些元素策划一场紧紧抓住热点的活动，来进行产品的传播推广。

如果既定目标是品牌的广泛传播，那么就要考虑品牌本身的定位和品牌因素；如果是以销售为导向的话，那么就不是一个纯以用户活跃度为目的的活动，而是将用户转化成消费者的过程；如果是以提升用户黏性或培养用户的习惯为活动出发点，那么活动中就要加入适合用户参与的元素，比如在参与方式和评选方式上加入目标用户喜欢的元素，以增加参与感。详细内容将在第 5 章细说。

1.3　运营的其他助推器

运营的"三驾马车"——内容运营、用户运营以及活动运营，贯穿于产品推广期的所有阶段，因此我们在接触运营时，接触最多的也是这三个类目，其实这是在从运营的结构层面进行阐述。

最明显的就是，在向别人介绍自己时，很多人可能会说自己是做电商运营、新媒体运营或渠道运营的，那这些又有什么区别呢？我相信这些也是困扰很多运营人的常见问题，本节将详细说说这些称呼间的区别。

1.3.1　新媒体运营

"新媒体运营"是通过现代化互联网手段，利用微信、微博、贴吧等新兴媒体平台进行产品宣传、推广、产品营销的一系列运营方式。通过策划品牌相关的优质、高度传播性的内容和线上活动，向客户广泛或精准地推送消息，提高客户参与度、产品知名度，从而充分利用粉丝经济，达到相应的营销目的。

1.3.2　电商运营

"电商运营"的全称是"电子商务运营"，主要指的是运营人在企业网站、线上商铺、博客、论坛等线上平台，对产品进行优化推广，维护重建、扩展以及网络产品研发及盈利。从后台优化服务于市场，到创建执行服务市场同时创造市场。翻译成大白话就是：在淘宝、京东或自家电商平台，通过制定运营策略达到盈利的目标。

电商运营里面有个分支——类目运营。

类目运营是指电子商务网站的类目结构，有发布导航、搜索导航，里面又分一级导航、二级导航到 N 级导航，比如"男装"是一级导航，"男士 T 恤"就是其中一个三级导航。每个商品都会有很多特征，我们会赋予其很多属性以用于描述商品，比如品牌、材质、领型等。通过跟踪类目的所有相关数据，发现阻碍类目发展的问题，并且和质量、市场、产品等部门配合解决问题，建立更加活跃和有效率的市场，这就是类目运营的全过程。

类目运营是电商运营中的特有方式之一，只有在你进入电商公司后，你才有可能接触类目运营。

1.3.3 社群运营

很多人会把用户运营与社群运营混为一谈，在这里需要指明一点，就是社群运营只是用户运营中的一个有效手段，二者是所属关系。

社群主要是指通过各类网络应用联结在一起，在建立的网络群体中，每个用户的行为都有相同而明确的目标和期望的群体。目前比较流行的社区是QQ、微信、陌陌，以及其他建立在互联网产品上的群组。社群运营主要就是负责管理社群，制定群内规则，维护社群交流环境，组织群员活动，策划活动，等等。想要做好社群，最重要的就是要建立一套有效的群规则，并设立高效的群组管理员，以确保所有交流、活动都必须在规则内，不遵守规则的管理员要及时处理，否则群很容易变质，导致解散。其次，要培养一批意见领袖，他们应保持活跃，能够很好地引导其他群员交流，以实现群组官方的运营目的。

1.3.4 渠道运营

这里的"渠道"指的是一切可以为产品带来转化和曝光度的途径,主要包括免费、付费、换量、人脉积攒、产品的吸引力、圈内人的推荐、策划活动、内容营销、用户口碑等,它们都可以是渠道运营的方向!

做商务合作的小伙伴应该比较清楚,网站的友情链接其实就是渠道运营的方法之一。

1.3.5 APP 运营

现在很多小伙伴都会说自己做的是 APP 运营,其实叫的更多是"APP 推广"。"APP 推广"的重点在"推广"上,这里的"推广"主要指的是 APP 流量监控分析、目标用户行为研究、APP 日常更新及内容编辑、网络营销策划及推广等。

我们在运营一款 APP 时,最关注的就是 APP 的行为数据,其主要遵循 AARRR 模型:

Acquisition(拉新)

对用户获取情况进行分析的关键,在于找出最有价值的渠道。获取部分需要评估的维度有:渠道的用户数量、用户质量等。

Activation(激活)

我们需要确认用户的首次访问印象,他们在 APP 或网站上的体验是否顺畅,有没有在某个步骤或页面受到阻挠、甚至因此直接流失掉。激活一般指注册激活、主动活跃、推送活跃、交易活跃等。

Retention(留存)

只有用户愿意留下来,才有可能产生更高的点击机会。

Referral(传播)

一款好的 APP 可以通过自传播使更多的目标用户知道这款产品,并且使用它、传播它。"传播"一般可以分成两个维度:舆情监控维度(包括用户的主动传播、分享）和引导分享维度。

体制建立比较完善的公司一般都有专业的部门负责舆情监控，它们会收集和处理一些负面评论，积极传播产品的正面价值。

对于产品内部的引导、分享，我们可以制定一些监控因素，最后统计数据，以其指导下一步工作。

Revenue（收入）

前面的 4 个指标最终将导向一个最重要的指标——收入。每个行业、每款 APP 的盈利模式都是"私人定制"的。而对收入来说，最重要的就是支付，因为只有支付了才能有收入。支付环节一般要考虑两个主要因素，一是看用户的支付体验是否顺畅，是否有某些页面加载不畅，让用户无法进行交易；二是看用户数量在哪一个页面流失率最高，可以用控制变量的方法调整和应对。

上面说了新媒体运营、电商运营、社群运营、渠道运营、APP 运营，它们所属关系不同，但都是运营的手段；它们殊途同归，都是为了让产品（服务）更加贴近用户，与用户产生联系，并使产品产生应有的价值。

第 2 篇

我的运营生涯

第 2 章
从初级运营到顶级运营

从初级运营到顶级运营是一个成长的过程,也是运营的发展轨迹。本章将阐述我是如何在创业公司做运营的,其实更多的是个人对运营的感悟,以及一些运营方法的讨论。

2.1 运营人该如何优雅地"打杂"

有地方流传着这样一句话：运营就等于打杂！这显然是不对的。做好运营，需要你站在大局观上考虑问题，比如做活动，考虑的第一要素是品牌、活动的质量。因此，在对"产品运营"这个岗位有了清晰的认识之后，我们可能还是觉得自己在做运营时像是打杂的，因为"产品运营"包括内容编辑、内容精选、客服、KOL维护、举报、追踪BUG、提建议、EDM、新媒体……方方面面都会涉及。

不过事实也确实如此，大伙在公司做运营的时候，真的什么都可以做，最起码我在刚进入运营行业的时候就是如此，甚至在技术人员不在时，我就是个"程序猿"，拿起什么就做什么。很多运营人也会抱怨，说运营就是个打杂的，什么都没学会不说，苦活脏活倒都揽到自己身上，工资又那么低，叫人情何以堪？所以最直接的结果就是，坚持不了的人都到别的行业去了；至于坚持下来的，要么就是对运营岗位有真爱，要么就是对产品运营这个苦差事有良好的做事风格，这种人被我们称为"优雅的打杂者"。在这些庞大而复杂的系统里，他们总能找到源头，将难题逐一破解，进而在运营岗位上越做越好！

那到底如何优雅地打杂呢？

2.1.1 把每个环节的运营工作融会贯通，扩大自己的运营面

如果你现在在运营中的某个板块（活动、社群、数据、用户、内容等）内工作，这时，你做的事情可能繁杂很多，但是处在这个阶段的朋友千万不要认为，把单个模块的工作顺利完成并且不出问题就可以了，现在要看的不是完成质量，而是要学会把你手里的模块试着和别的模块融会贯通。

不管你现在负责什么模块，都必须花时间把其他几个模块搞明白，并且运

用到你现在负责的工作中去。例如你现在负责活动策划，就需要考虑当前版本的生命周期（版本）、当前用户的生命周期（数据）和当前玩家讨论热点（社群），此外还需要大量数据支持和验证。

活动策划平时工作中牵扯的环节比较多，所以更容易串联各个模块。建议初级运营最好从活动策划的模块入手，这会让你成长得更快。

其他工作亦是如此，也许现在你手里做的并非是运营主要的版块，哪怕只是微博运营者或微信公众号的编辑，也要试着去结合你接触到的、学会采集数据去支持你每一次的微博活动，事后再用数据验证，和玩家产生良性互动并思考怎样利用这些用户为你的产品带来价值。微博运营不是简单的"网络搬运工"：今天"心灵鸡汤"，明天成功秘诀，后天娱乐八卦，这样做没有意义。

其实，要想做好每个环节的运营工作，都必须要融会贯通，运营很多地方是相通的，不同的是你手里拿的是什么产品，你在里面扮演什么角色。

2.1.2 负责产品推广前需要清晰的推广步骤

很多运营都是从推广运营开始的，比如每天发发微博、去做百度问答、知乎、百度百科等工作。我在做这些的时候还是挺迷茫的，因为那时没人教、没人带，完全是"野蛮生长"，所以只能硬着头皮上了。后来，我总结出了一套运营工作的思路，今天也跟大家说说。

比如推广的前提要保证网站、APP等产品的功能正常（即可以正常访问，且访问速度够快）；其次卖点明确（为谁解决什么需求或问题），产品（服务）的转化路径明确（有明确引导用户消费）；最后网站或APP要有统计代码（GA、百度统计、growingio等）。

接着开始罗列主要推广渠道。以品牌基础推广为例，你要做百科类推广，建立百科品牌词条；做问答类推广，比如在百度知道、百度经验、360问答、知乎等建立自己的品牌问答区；还有就是在一些垂直社区里面发帖，比如在豆瓣、知乎、微博等社交平台上填充内容。

不过我们在选择推广渠道时，还应避免步入这三个误区：

1. 把了解多少营销渠道和营销能力画等号

营销的目的是给企业带来价值，这个价值可以是盈利，也可以是用户的美誉，前提是能带来有效流量。有效流量和营销渠道并没有直接关系。

2. 随大流，哪个渠道炒得热就做哪个

微博热，就去开官 V；微信热，就去开公众号。但你可曾想清楚，这个营销渠道到底能不能帮到你的业务呢？这个渠道在你的业务流程中是否起到了不可代替的作用呢？这个渠道热门，就意味着跟你有关系吗？

3. 在产品初级阶段就用品牌的宣传方法

大家最爱做的事情就是评论、分析某些大品牌的品牌广告语，仿佛营销的精髓就是这个"创意"，但在业务发展期，能评估的营销效果（即有着数据反馈的渠道）会更实际。

2.1.3 沟通贯穿着运营的整个过程

运营是一门策略与实施并重的岗位，而沟通是决定运营成败的核心技能，而它恰恰是大家平时所忽略的。

不无夸张地说，当运营人在实施任意一项运营策略时，沟通（包括口头及书面）起码占据了 50% 以上的工作量。也就是说：沟通不到位则实施必然不到位，那么再好的运营策略也白搭。

因此，运营是个位于"沟通枢纽"的岗位。比如，因为我们的公司处在初级运营阶段，所以需要处理的事情很多，我们接触到的东西也很多，这时沟通就变得尤为重要。在横向上，我们需要与其他同事沟通：例如产品、研发、UI、市场；在纵向上，我们需要与上级领导、同级同事或下属沟通；对外则需要与海量的用户、合作伙伴或乙方沟通。

刚进入运营行业时，我在处理完一件工作的时候，都需要在 QQ 群（那时候用得比较多的是 QQ）进行反馈，而重要一点的事情，我就抄送邮件给领导汇报。一次，我需要整理一个需求文档，在将其整理成文字，准备抄送给产品技术的时候，我怕里面的一些细节没有表达清楚，还特地跑到技术的面前跟他面对面说清楚。因为之前就是没有沟通，导致出现产品延迟上线的问题。可见，沟通对运营工作的顺利开展非常重要。

所以，刚进入运营岗位的你，必须学会沟通这个技能，否则你在从打杂进阶到高级运营时要走的弯路，将会是你无法想象的！

不管你是辅助运营，还是辅助销售、市场、供应商对接、编辑、后台产品技术等业务，都会接触到沟通环节，所以我们就需要把眼光放得长远一点，要有大局观，这样你才能这个基本的岗位运筹帷幄，决胜千里。

2.2 优秀的运营是怎么处理工作的

在"产品运营"这个岗位上，资深的运营人很多，那我们有没有想过，这些牛人做运营为啥这么厉害？只是因为他们在这个领域的时间比较长而已，还是他们本就在运营上有先天优势？在我看来，这些都不是关键因素。归根结底，他们在这一领域的学习、工作方法才是关键。甚至可以说，在运营这个行业，如果不常去总结自己的工作方法，你很可能会原地踏步。这就是为什么有些人入行一年就可独当一面，而有些人永远都是"小编"的原因！

那优秀的运营在工作时，都怎么处理各种错综复杂的事情呢？

在分析上面的问题前，我想谈谈自己的看法。我觉得，作为一个优秀的运营，除了确保工作方法的正确性，就是"硬技能"必须得过关。想象一下，如果你连运营的基本技能都没掌握好，想成为一个运营大咖，是否有点不现实呢？

2.2.1 陈述现在遇到的问题

为什么要陈述现在遇到的问题呢？有人可能会说，我的问题可能无非是：怎么去做好运营，把 APP 推广给更多人去用。但是很多人忽视了问题的重要性。我记得有人说过：在移动互联网社会，你提出的问题要比别人的答案更有价值。为什么这么说呢？因为在互联网社会，人口红利已过，信息溢出，人们不会再像之前那样被动地去接受这些信息，他们也会选择适合自己的信息来吸收，这也是为什么付费阅读被越来越多人所接受。所以，如果你提出的问题更准确，或是更能表达一群人的"痛点"，那么这个问题就是有价值的，是值得被解答的。

在我的微信公众号里，常常会有各种各样的问题，而我会有选择性地回答，标准就是它到底有无价值可言。

所以，当我们想要解答某个问题的时候，请好好地想想应该如何去表达它，再试着去陈述一遍，看是否自己也能很快明白。

2.2.2 分析现在遇到的问题

在提出解答方案时，你还要对问题进行分析。如何分析？两个点。

首先是回到原点

优秀的运营在解答问题时，都善于回到问题的原点，也就是说，你在分析某个问题的时候，要思考提出它的目的以及它是如何产生的？举个例子：我们在开内部会议时，主办方为什么会愿意跟我合作，又为什么会跟我签署战略合作协议，无偿地为我们提供一手资讯？想要回答上面这些问题，就要回归原点——我们能给主办方提供什么？这样问题就会清晰明了，也会让你提出的解决方案具有针对性。

然后是提取关键点

提取关键点是麦肯锡人常用的分析解答问题的工作方法，因为关键点影响着全局，甚至是直接决定因素，所以只要找到问题的关键点，解决其的思路就会清晰很多。

提取关键点的指导方法论就是我们常说的"二八法则"。二八法则在生活中很常见，比如世界上 80% 的财富掌握在 20% 的人手上；销售部门 80% 的销售额来自 20% 的人的努力；现在 APP 流量的 80% 都被那头部 20% 的平台所占据。

经过上面的解析可知，我们在分析问题的时候，也应该遵循"二八法则"。我觉得一个问题不是全部因素左右的结果，其背后往往隐含着某个关键因子，这个因子就是问题产生的关键点。所以我们在分析问题的时候，应该找到这个关键点。比如，在去年的 8 月份，我们家 APP 新增了一个功能，但从上线的第一天起，注册转化率一天比一天低。于是，我们提取后台数据开始分析，从源头开始找原因。后来我们分析了用户的行为路径，发现用户在注册时，会多次点击"获取验证码"按钮，因此我们就判断，应该是用户收不到验证码，所以导致用户注册不成功。最后我们终于发现，原来是部分号码在验证时出现了问题，于是就马不停蹄地将其修复了。

2.2.3　罗列出解决方案

麦肯锡方法告诉我们，当你对某个问题有了比较深入的研究时，就应罗列出你心中的那个答案。我们经过上面对问题的剖析之后，解答方案好像已经了然心中。这时，你应该让大脑自由发挥（即使是坏主意，也可能会促成好想法）；保持思想开放；乐意聆听；考虑各种思路，并评估它们的优劣。

比如，你的上司突然抛给你这样一个任务：下个月，公众号粉丝增加至 10 万，也就是翻倍。换句话说，如何在一个月时间内增粉 5 万人呢？这时，你可以按照"先结果后方法"的原则去做：结果我们知道了，就是"增粉 5 万"，但是方法呢？这时你就得罗列出有可能会增粉的渠道，不管是用过还是没用过的，比如线上或线下活动、投稿、互推、朋友圈转发、社群、媒体矩阵、内容、排版以及页面美观，等等。

但是，按照之前的分析，你必须要提炼出解决问题的关键点，这样才能事半功倍。现在方法是有了，但哪些渠道我们应该重点投入，哪些又是可以摒弃的呢？

这就得从两个方面入手：一是之前做过并取得不错效果的渠道，比如线上活动转发可以带来较大的转化，因此它就是这次"增粉"的主要投入方向；二是"物美价廉"，大家都在寻找"既不用花太多的预算，又可达到较好效果"的方法，这可是每个人都喜欢的，因此我们可以选择互推等形式。

在这里还要强调一点：罗列解决方案时忌"大而全"。这也是在打造自身品牌时，很多人都会犯的错误。许多运营人员都相信"渠道不怕多"，但经验告诉我，你越想覆盖所有领域，结果就越不如意。所以我们的目标就是"精而准"。

2.2.4　评估匹配的资源是否充足

在问题清晰、方法正确之后，就该开始"执行"了。而在执行的过程中，我们都会想到这样一个词：资源（预算）。对于运营从业者来说，拥有充足的资源肯定是好事一件，但很多情况并非我们想象的那样。想要达到好的效果，但资源却不配足，那就是"又要马儿跑得快，又要马儿不吃草"。这是运营者做项目时最常遇到的问题之一。

而作为优秀的运营者，在做项目时，如遇到资源不足的情况，是可以避重就轻、另辟蹊径的。比如我们在做 APP 前期推广的时候，公司内部有很多人都认为可以"烧钱买用户"，比如前两年的很流行的"地推扫码"，但都被我们否定了。首先我们没那么多钱投入；其次，即使拉来这么多用户，也是留不住的，因为我们的产品不是刚需产品，所以就算前期拉来了几万用户，但后期一样会掉粉，这样就是无用功。后来我们就转变了思维，既然直接烧钱做 C 端不行，我们可不可以从 B 端切入，从 B 端那边拉来用户。

因为我们做的是提供活动资讯的 APP，所以可以通过如资源置换、品牌合作等方式跟很多活动的主办方合作，让他们在活动现场给我们提供摊位以进行品牌展示，借助活动现场的巨大流量拉来需要的用户——这在两年前算是比较新的玩法。当然，虽然现在这些方法已被广泛应用，但还是屡试不爽，只不过成本已经提高了很多。

在进行产品推广的时候，资源是很重要的一环。而在资源不足的情况下，我们应秉着"避重就轻，方法总比问题多"的原则去解决问题。

网上有很多干货，比如"怎样从运营专员做到运营大咖？""如何进阶高级运营？"很多都是从技能层面上阐述如何成为优秀的运营。但我认为，优秀的运营在工作方法上是很有讲究的，他们可以从繁杂的工作中找到源头，经过层层剖析，直至找到想要的答案。

2.3 顶级运营与初级运营的区别

对企业来说，每个岗位都有其标准、晋升机制和等级要求，只不过大企业会将其标准化和书面化，而某些小企业则没有这样的要求。但不可否认的是，每个岗位都有其晋升通道，岗位不同，其要求的能力和素质也不太一样。

图 2-1 是腾讯的产品项目（内部称为 P 族）的内部晋升模型，从 P1～P6 分别为初学者、有经验者、骨干、专家、资深专家，每个等级又分为 3 个子等级，可见腾讯的分级极为严谨，晋升厚度也很大——想从初学者到资深专家，估计得花很长时间。上述晋升体系建立在企业文化深厚底蕴之上，较为成熟，最重要的是得益于本身职位发展较为充分，所以这个晋升体系也是比较完善。

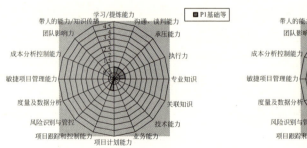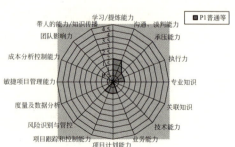

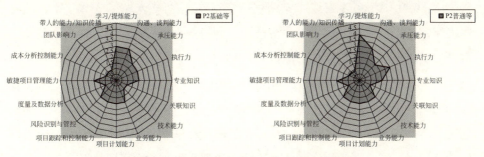

图 2-1　节选腾讯产品项目的内部晋升模型

但对"产品运营"这样一个尚处于拓荒期的岗位,其晋升通道也比较模糊。我就是个典型的例子。从进入运营行业以来,我就在"没人带、没人教"的情况下,硬是闯出了一条血路。那时,"产品运营"这个称呼叫得比较少,多是"策划""网络编辑"或"推广"等。不过近几年,"产品运营"的"大名"也开始慢慢被大众所接受,多次被提起并受到重视,这无疑是我们这样的运营者的福音。

在这种情况下,很多刚进入运营行业的小伙伴,比较关心的一个话题就是关于晋升渠道,现在网上也有了详细的"运营者晋升渠道",如图 2-2 所示。

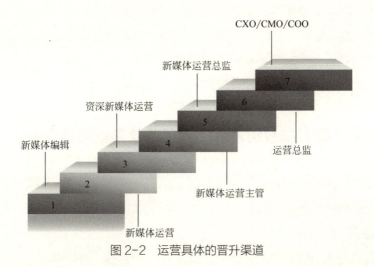

图 2-2　运营具体的晋升渠道

上图中每个岗位的能力要求都不一样。但是有些人做了 3 ~ 5 年，还是中级运营或运营主管，再也不会晋升了；而有些人年纪轻轻就已坐上运营总监甚至 CMO/COO 的位置了。这是为什么呢？

我们不妨来看这样一个在网上被问得很火的问题："初级运营"和"高级运营"的区别在哪里？如图 2-3 所示，"运营"被分为初级、中级、高级、顶级共四个等级。而每个等级对从业者的数量和能力要求也不尽相同。今天我们就来说说，这四者间究竟有什么不同，进而导致"同人不同命"的。

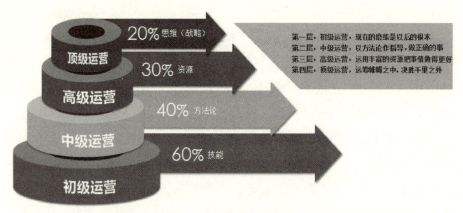

图 2-3　运营的四个等级

- 第一层，初级运营，现在的磨炼是以后的根本
- 第二层，中级运营，以方法论作指导，做正确的事
- 第三层，高级运营，运用丰富的资源把事情做得更好
- 第四层，顶级运营，运筹帷幄之中，决胜千里之外

2.3.1　第一层，初级运营，现在的磨炼是以后的根本

企业中的每个岗位都有其要求，"运营"岗位也不例外。刚进入运营行业的小伙伴就得从最基本的技能开始学起——如果你连技能和方法都不懂，那连"初级运营"都不是。

在我刚进入运营行业时，也是从最底层的运营推广开始做起。产品推广中的 SEO、SEM、软文写作、编辑器使用、排版等，新媒体运营编辑每天都会接触。可能现在在大企业里，运营岗位分得比较细，编辑只是做"双微"的推送，并不需要掌握 SEO 等推广技能。但这都是产品运营的必备"硬技能"之一。

这里又出现了一个新的名词——"硬技能"。通常，我们会把技能分为"硬技能"和"软技能"。其中，"硬技能"指的是外在的技能，即"大家都能看见的"你能，比如我们使用的某个数据分析工具、编辑使用的编辑器，又或者 Photoshop、Excel 等工具。而"软技能"主要指的是一个人的内在涵养，比如谈吐、沟通技能、人际交往能力、团队协作能力等——它们虽然看不见，但却不得不修炼。

为什么这些技能显得尤为重要？应届毕业生或是从产品、销售、技术转岗过来的新人，对"运营"的认识基本只停留在概念上，而没有关于"如何做"或"为什么"这些深层次的问题。因此，他们需要做的，唯有练好基本技能。拿新媒体编辑来说，如果你作为运营负责人，要招一个新媒体编辑，而应聘者要么是在校大学生，要么是从别的岗位转过来的"新手"。那么，当你把他招进来之后，就得培训他，这里的"培训"不是指业务层面的培训，而是在技能上的培训。因为他要做一些运营和推广工作，比如微信公众号的运营、微博的推广或 APP 内容的运营等，这时你就得培养他们如何使用后台、编辑器、排版，等等。

很多人可能会说，APP 后台的使用、编辑的排版……这些工作很多人都会，即使没接触过的人，不用长时间培训也能很快上手。说这句话的人可能只看到了眼前，而没有想到更久以后的事。我敢说，产品运营技能的提升，贯穿于运营者的职业生涯之中。古人有云：活到老学到老。我们要掌握的技能不只是眼前那些浅显的"把戏"，要学的东西也不应局限在运营领域内，而是要广泛涉猎于设计、商务、技术、产品等领域。

Tips：你在刚进入运营这个行业的时候，切莫着急"一步登天"，先静下心来磨炼好运营技能，知道什么是运营的核心技能，什么又是自己不擅长甚至不会的，这会对你的运营生涯有非常大的帮助。

2.3.2 第二层,中级运营,以方法论作指导,做正确的事

初级运营者会用技能或工具来完成很多工作,对他们来说,这最起码是合格的。但中级运营者就不能满足于此。比如,很多编辑就是"为了做而做",他们只是去找授权文章,再在编辑器里修修改改,上司审核通过后就推送了,心想着"轻轻松松又一天",一天天地混日子。这样做对自身的提高并没有太多帮助,反而将自己塑造成了"文字的搬运工"。

在掌握了一些基本技能之后,接下来你要做的就是运用方法论去使这些技能发挥更大的作用。我们都听过这样一个词:事半功倍。它指的是对任何事情来说,方法都无比重要,如果方法不对,就会变成"事倍功半"。可见,"采用合适的方法"比"拿来就做"更有效率。拿活动运营举例子,当我们策划一个线上活动时,应该先搭好思维的框架,再往里面填充内容加以完善。具体来说,运营一个活动,共需要如下五步:

第一步 想清楚为什么要做这个活动

大家接到活动运营任务时,往往就想着怎么去完成,却忽略了问"为什么"。大家可能觉得问"为什么"没有必要,其实不然。多问"为什么"是帮助你思考如何做好活动的必然过程。为什么要做这次活动?活动的目的是什么?当你知晓活动的目的后,就能更好确定活动的内容为何。比如,现在你接到一个活动运营的任务,希望通过活动对某种商品进行促销。当你了解到这样做的主要目的是为了提升用户活跃量,那你就会把活动内容和方向朝活跃的老用户靠拢。那么活动的效果无疑会更好。

而最理想的状况则是:把目的转化成一项数据,比如 APP 希望提升用户规模——这是目的,将其转化为数据就是"提升 DAU"。所以,"提升 DAU"就是活动的目的。活动目的是策划的起点、思考的源头。把握好这点,我们在后续的步骤中就不会偏离初衷。

第二步 活动时间很重要

对某个活动来说,很多时间节点不光非常有利于借势宣传,而且经常能成为做活动的理由。传统的线下活动喜欢选择店庆、节假日、换季时开展;而移

动互联网优势则给了线上活动更多的玩法和选择，甚至某个热点事件都能成为很好的时机。另外，活动的起止时间也要有大概的范围。若是急于取得效果，活动就必须尽快上线；如果不是，那就有选择的余地了。因为活动如果可以借势，就会事半功倍，而这个"势"就是时间点。

我们在策划活动时，除了选择好的时间以外，还应该避开某些时间，比如阿里巴巴的"双十一"，这些势头太过于凶猛的活动、甚至已成为全民狂欢的日子，我们的活动应尽量避开，否则做了也是浪费钱。类似的节日还有京东的"618"、阿里的"双十二"，等等。

第三步　你要确定怎么玩才能吸引到用户的眼球！

能吸引用户眼球的活动必定遵循 2 个原则：简单和有创意！

简单：很多时候我们在活动策划时如果没注意就会陷入自我思维，源于对自己的产品过于熟悉，使得所有动作都变得理所当然，从而忽视一个活动对于初次参与者的心理是如何的。个人的思维怪圈是很难跳出的，所以在活动设计时要经常和大家交流，站在一个小白用户角度考虑问题。

有创意：能够抓住用户心理，活动本身的趣味性会给用户一个理想的理由加入，是刺激用户参与并分享的有利因素。创意应尽量抓住用户的兴趣点，满足不同用户的个性化需求和虚荣心。很多时候，让运营人员要设计全新的活动是比较困难的，所以在策划大部分活动时，都是在成功活动基础上进行"微创新"。"微创新"指借鉴以往成功活动的模式，并寻求部分变化，变化的主体可以是主题、参与规则、参与平台等，但活动主体及形式基本一致。

第四步　做好活动执行时方案优化

在活动上线后，监控活动的效果、看它是否在预期轨道上就显得尤为重要——如果在可调整的范围内，就应尽快行动。而你需要监控的，是数据和突发状况。

数据：分为"实时数据"和"单位时间（一般按天）数据"两种。我们要对数据波动情况有心理预期，估计出正常的波动范围。如果超出这一范围，就应视为"异常情况"，应及时追查具体原因。为此，我们应紧密关注会出现用户反馈的所有平台，比如用户群、贴吧、微博、朋友圈等。

针对紧急事件和特殊事件，必须要有相应的预案。特别是在大型活动中，根本不会给你大量时间思考补救措施。像服务器"当机"、系统异常等特殊情况出现时，我们的活动是应该继续还是暂停，都是需要考虑到的。

第五步　活动复盘对运营的价值尤为重要

"复盘"就是重新演绎一次做过的事，从而获取更深的理解。没有"复盘"性的总结，活动只会越做越差。只有对活动的整个过程进行细致的梳理、分析、总结，才会凝聚成你个人的经验，而不再是单纯的经历。

Tips：中级运营者一般是有 1~3 年经验的产品运营人，而来到这一层后，很多人就无法再往上升了，因为他们只掌握了某些做事的技巧和方法，并没有较为全面的思维方式，因此在做事情时就会受到各种各样因素的阻挠。这时，如果你没有大局观，就容易陷入思维的困局。

2.3.3　第三层，高级运营，运用丰富的资源把事情做得更好

对于产品运营者来说，"资源"可谓是至关重要，不论你是做活动运营、BD 或其他工作，拥有相对丰富的资源，将对你项目的整体进度起着至关重要的作用。

如果说中级运营者做活动运营可以打 75 分，那么高级运营者就能将那 25 分补上。我们都知道，做活动策划很耗费人力、物力、财力，而资金预算也是做活动前要考虑的头等大事，因为预算的多少将直接影响活动的效果。

如果拥有相对丰富的资源并能将其整合起来，不但省时、省力，还省钱。之前，在我最开始做运营的公司，曾计划帮某汽车品牌做一个圣诞节营销活动。当时我们遇到的最大问题就是资金不够，导致无法专门定制一个线下活动，但又不能放弃这么好的机会——要知道，这是给世界 500 强的企业做营销活动，

如果成功了，对公司的整体实力以及影响力都会有很大提升。

正在我们冥思苦想之时，某个跟我们有合作过的俱乐部刚好计划在圣诞节举办一个大型活动，主办方的负责人则跟我们的副总裁兼运营总监是合作伙伴。所以这时就该发挥副总裁的作用了：他在跟主办方负责人接洽后，将通过资源整合，把活动包装成该汽车品牌的"送福利专场"，而这就是之前我们在方案策划的营销活动：先在线上搞个类似粉丝抽奖的活动，礼品就是本次活动的入场券，然后用这部车（为了营造仪式感，会将其装扮成"圣诞送福利"专车）将中奖用户们送到现场。

这次活动将线上、线下形式完美结合，很好地将亮点凸显出来，委托方满意，用户的体验也很好。最重要的是，本需要 30 万才能完成的活动，我们仅用了三分之一就办得漂漂亮亮。

在这场成功的活动中，我们的副总裁扮演着重要的角色，将两个互不相干的资源整合到一起，策划了一场漂亮的活动——这就是资源整合的作用，也就是我们常说的"资源跨界"。

Tips：当一个人进入"高级运营"的级别时，很多人眼中的大事情将只是"小事一桩"——这种根本不需要麻烦他。如果你细心观察过，就会发现很多企业的高级运营者多数时间都扮演着"商务"角色，执行上的事情不会涉及太多，更多时候是指个大方向，从而将精力聚焦在更重要的事上——资源的整合以及谈判。

2.3.4　第四层，顶级运营，运筹帷幄之中，决胜千里之外

如果说上面的人都是在执行或半执行布置下去的"战术"，那就一定得有战略部署者——他们往往是在运筹帷幄之中，就好似诸葛亮。而他们就是顶级运营者（一般是公司的 COO 或 VP）。

这里的"顶级运营"已经不是狭义的运营，而是广义上的运营——其上升到了公司宏观的管理层面，包括技术、市场、产品上的战略性思维。那么什么又是战略性思维？我觉得其主要可以表现为：大局观和细算力。

- 大局观指的是长远的计划
- 细算力就是具体工作的执行力度

在这个位置上的人，必然是具有大局观和细算力的人。他们对企业的绩效直接负责，以企业竞争为导向，制定优秀的战略以保证公司的正常运转。在我看来，他们在制定运营竞争策略时，往往都会遵循"竞争战略之父"迈克尔·波特[1]的"竞争战略理论"：

总成本领先战略

这一战略的内容是：在某一产业领域内使成本低于竞争对手而取得领先地位，其着眼点是取得价格竞争优势。适用于这种战略的企业一般要在运营系统上具有一定的优势，如规模、技术、产量等。"总成本领先战略"要求企业加强对费用的控制，最大限度地减少研究开发、服务、推销、广告等方面的成本。为了达到这一目标，有必要在管理层面对成本控制给予高度重视。尽管质量、服务和其他方面也不容忽视，但贯穿于整个战略的主题仍是使成本低于竞争对手。显然，处于低成本地位的企业可以获得高于行业平均水平的收益，因为对它来说，低成本意味着：当别的企业在竞争过程中失去利润时，其仍可获取利润。

差异化战略

"差异化战略"要求运营系统与其特有优势相适应，但也要注意成本因素。这种战略是通过公司所有部门的努力，让产品在一个或几个方面与竞争对手的产品有所不同，如特殊的功能、高超的质量、优质的服务、独特的品牌等。这种战略将增加公司在设计、研发等方面的投入，使产品的成本上升。但是，顾客会因对该产品的偏爱而愿意接受较高的价格，这将弥补"差异化战略"带来的成本。但在很多公司里，管理者能在把成本控制得比竞争对手低的同时实现"差异化"。

---

[1] 迈克尔·波特：哈佛大学商学研究院著名教授，当今世界上最有影响力的管理学家之一。

目标集聚战略

"目标集聚战略"实际上是"市场细分战略"的一种,这种战略的前提是:企业能够以更高的效率、更好的效果为某一细分市场中的特殊顾客群服务。采用目标集聚战略的企业,具有赢得超过行业平均收益水平的潜力,通常会将力量集中在特定区域的市场或顾客群。这类公司要么采用"低成本战略",要么采用"差异化战略",但仅关注于特定的目标市场。其中,采用"低成本战略"的公司,会将资源集中在市场中的一个或几个细分市场,旨在成为服务于该细分市场的公司中成本最低的。

其实,我们在做一些基本的运营推广工作时,往往也会涉及"大局观"。比如我们在做推广及线下的策划时,有经验的推广人员知道很多外链的方式,但是该在哪里增加、增加多少、增加后要达到什么效果,还需要网站运营人员进行规划。因为我们不能为了留外链而不加限制地发布外链,而是需要从网站权重、流量、相关性、品牌效应、转化率等方面进行思考。优秀的网络推广不仅要做更多外链,更重要的是营造"品牌效应",一个公司的"品牌"能够遍布于网络的各个角落,并且曝光率高,因此,建立"品牌"是网络推广的最终目的——有品牌,有信任,有流量,也就有转化率。所以,在我们的工作的琐碎之处,也时时体现着大局观。

Tips:因此我们会说,其实"初级运营者"和"高级运营者"没有严格的分水岭,它就体现在我们工作和生活中,只不过其工作阅历、环境、位置、情况和职责大小不尽相同而已。

2.4 从"打杂"成长为运营总监的真实历程

对于刚步入职场的大学生来说,你所遇到的问题远比你想象的复杂,甚至超乎你的想象。我刚走出大学校园时,一切都想的很简单,想着实习3个月后拿到实习证明,然后就回学校交差,再继续找下一份工作。然而,生活总是不会如你所愿。

毕业后，我进入了一家互联网创业公司做运营实习生。经过近两年时间，终于成了某家互联网公司的运营总监。这一路摸爬滚打，所经过的困数难以计算，自己迷茫过，跌倒过，却仍爬起来继续前行。生活就是这样，你现在所受的磨难，就是以后登上高峰的资本。你看到的是别人风光的一面，却没有看到他在最落魄的时候，全身上下只剩下两块钱——相信你很清楚，这对一个生活在一线城市的人而言是什么概念。

从实习生到运营总监，我只花了两年时间。我觉得我是幸运的，因为我处在高速发展的移动互联网时代——机遇很多，但竞争更多。机遇让我看到了希望，让我能一冲到底；竞争让我时刻做好作战的准备，不敢放松自己。当然了，其中也充满诱惑与挑战，但只要你能跨越这些障碍，就能成功地立足这个社会。

2.4.1 找份运营实习都会磕磕绊绊

跟很多大学毕业生一样，我的目标就是找家好点的公司实习。当时大家都说运营门槛比较低，我也信了这句话，所以那时我就拼了命地去找新媒体相关的实习机会。

找了将近两个月，终于有一家互联网创业公司愿意"收留"我。可能是由于公司的氛围吸引了我，我选择留了下来。后来我觉得自己的感觉是对的，这家公司的企业文化以及氛围都很好，而我正是从这家公司成长起来的。

2.4.2 开始的"打杂"是以后能力提升的资本

如你所知，"运营"这个岗位就像是个"打杂的"，而我也是从一些很琐碎的事情做起。我先是在市场部——说是市场部，其实就两个人，一个我，另一个就是我的上司。我主要负责的工作就是APP的推广以及商务对接。由于部门就两个人，很多事情都得亲力亲为，以前根本没有接触过的工作，现在也不得不去熟悉和掌握，这很需要自觉性。我清楚地记得，进入公司不到一年，公司需要开始发力 C 端，为此要组建社区。这时我已经被调到运营部（实际上是市场部解散后被合并到运营部），部门里一共就 3.5 个人——为什么说 3.5 个人呢？我们公司的运营负责人非常忙，他同时需要负责对外商务、市场、运营等工作，很难完全参与到这个项目中。由于在剩下的 3 人中，我进入这家公司的时间比较长，这个项目顺理成章地交给我负责，压力也就在无形中产生了。

其实在接这个项目的时候，我是很想拒绝的：一是怕自己做不好；二是因为自己还没独立负责过一个项目的运营，何况它还如此重要。后来我又想了想，觉得自己是该成长了，而这个项目正是展现自己能力的好机会，于是我就答应了下来。

刚开始组建社区遇到的最大问题就是："种子用户"怎么引入？在哪里找以及如何打造社区氛围？这些问题一个个摆在我们团队面前,自己作为负责人，得跟团队成员讨论方案，确定下来后就执行，遇到问题就总结再完善。因此，我每天都会熬到很晚才回去，第二天又早早地到公司完成昨天留下来的工作。当时就有人问我"为什么这么拼"，一是自己真的很喜欢运营这份工作；二是感觉自己除了运营外也做不好其他事。或许是对运营那"深刻的爱"，才会让自己做出这样的回答吧！

由于我在该项目的运营上做得不错，所以上司慢慢把很多事情都交给我去跟进，其中包括 BD 商务合作。这段时间正是我成长最快的时间！

2.4.3　成为公司的运营负责人，学会做人的道理

在经过近 1 年半的时间历练之后，领导慢慢委托给我更多重要的任务。这时，一个重要的转折点出现了——公司的运营总监被抽调到项目部，负责项目整体的统筹，而运营总监这个职位就出现了空缺，我则临危受命，开始负责运营部门的整体统筹。说到这里，就不得不说一下我的上司，也就是公司的 CEO 老姚。

老姚是我在职场上的首位启蒙导师。从进入公司的那刻起，我就跟他一直保持着朋友关系，经常讨论工作上的事情。至今我仍清晰地记得他说过的一句话：趁年轻，对自己要求高点。其实这句话不只是对我而言，我觉得更像是在说他，因为他年轻时也是非常拼的一个人，靠着努力和拼搏顽强地走到现在。而自我初登职场时开始，他的努力、付出、勤奋，以及做事、做人的道理一直都在感染着我。

现在，"差不多"成了很多人的口头禅——差不多就好了、差不多就可以了。但你要知道："失之毫厘，差之千里"，你的一句"差不多"，也许就会引发明天的灾难。关于这个问题，老姚是这么说的："不管是对图片、排版的视觉效果，抑或是个人能力，都要有高标准、高要求，如果你对这种高要求习以为常，那你的人生将会变得不同——你对自己要求高了，很多事情就会迎刃而解。比如文章排版，你得把控每一个细节，力求尽善尽美，宁可多花一分钟检查或听听别人的建议，都不要先入为主、自以为是。要知道，一旦没有达到要求，你就得重头来过，这一来一回，不仅是时间的浪费，更是对生命和金钱的浪费。"

其实与其说老姚对我的恩惠是在工作上，还不如说是在做人上。在成为运营负责人之后，由于是由公司 CEO 直接负责，所以在很多时候，我们都一起工作——讨论产品的细节、推广、产品未来走向、战略部署……由于当时自己还是个工作经验尚不丰富的"毛头小伙"，所以除了工作上的经验，老姚在很多时候都会言传身教，将自己对生活的感悟以及做人的道理告诉我。

当然了，在我离开公司后，我们也一直保持着这份情谊。

2.4.4　创业公司适不适合做运营？

根据上面的经历，我觉得年轻人是比较适合通过"创业"进行历练的。因此，创业公司也是你从事产品运营工作的好去处。如果你还在大公司和小公司间犹豫不决，不妨听听我是如何看待在"做运营"这一层面，大公司和小公司到底有何区别。

有位小伙伴 A 提到：我是一名刚进入运营行业的运营人，现在收到创业公司的 offer，有点纠结，不知道该不该接受。因为我看到你之前文章里都提到过，在创业公司做运营比较苦——资源、人员架构都不完善，很多事都得自己来。请问我该如何做选择？

目前超过 70% 的运营人都是"90 后"，其中，有着不到 3 年运营经验的占了绝大多数。而这部分人对运营普遍迷茫，觉得自己在公司里什么都做，根本体现不出自己在运营上的价值。在进入这个行业前，大多数人都会问：如何才能快速进入运营行业？如何系统地构建运营知识体系？如何将一篇运营"干货"读透？诸如此类。

如果你是已在创业公司做运营的小伙伴，看完上面的话，相比会感同身受。相信你一定经历过这样的事：很多事都自己承担，而且是在资源比较紧缺的情况下完成的，不仅吃力不讨好，老板有时又不是很理解和支持运营工作。我觉得如果你是初入创业公司做运营，又存在着这样的疑惑，应先去判断自己到底适不适合。

2.4.5　审视自己的专业技能跟创业公司想要的人才是否匹配

在运营圈普遍存在一个错误认识——"运营"就是个打杂的活，根本没有技术含量。这种对产品运营的认识显然是比较粗浅的。大家都知道，运营在前期是个杂活，但可以试想下，现在哪个工种前期给实习生的不是一些比较琐碎且没什么技术含量的事？所以，"运营就是打杂"的说法是站不住脚的，这是在对运营不是很了解的情况下做出的判断。

所以，若你想进入创业公司做运营，是因为"自己什么都不会，所以可以进入做运营这一'门槛不高'的运营工作"，这既是对自己不负责，也是对社会企业的不负责。在你进入一家创业公司前，应先审视自己会什么；哪些是自己的特长；能为公司带来什么；自我价值又能否发挥出来。然后你还要搞清楚：这家公司想要什么样的人才，目前公司缺的是哪一块，我的特长又是否与公司需求有契合之处。所以，在你要决定是否进入一家创业公司做产品运营工作时，先试着回想一下这家公司想要什么，你们是否可以走到一起。

在我说完这些话后，A 先说了自己擅长的地方。他说自己做过半年的运营，由于性格活泼开朗，所以在用户运营方面比较擅长。在上一份工作中，他负责过社群运营，在这方面比较有经验，也很愿意跟用户打成一片。他还说到，给他提供 offer 的这家创业公司的运营团队目前只有 2 个人，现在他们想组建社区，把 C 端用户"圈起来"，所以想找一个在用户运营方面有点经验的人负责社区打造，他觉得自己还是胜任的。

所以，我认为对 A 来说，他应先把自己的长处表现出来，再看跟该公司想要的人才是否匹配，最后才去做决定。虽然运营看起来是个"杂活"，但胜任的前提是：你还得有一两个特长，这样你才能在与同期运营人的竞争中占有优势。

2.4.6　在创业公司做运营，你能学到什么？

虽然创业公司资源匮乏、资金短缺、人员架构等都不完善，但对一个新人来说，在这样的环境中，就有机会发挥出全部潜能。假以时日，当你去一家资源充足的公司做运营工作时，将会游刃有余、如鱼得水。那么，在一家创业公司里，你究竟能学到什么呢？

"运筹帷幄，决胜千里之外"——战略统筹的能力

在如今的互联网公司，唯一不变的就是"变"。创业公司在激烈的竞争环境中，时刻要调整自己的战略部署，今天一个计划，明天又一个计划。而在这样跌宕的环境中，你绝不是安心地做好运营工作就完了，而是要跟着公司的战略部署去做。因此，你不仅是运营工作的执行者，更是战略计划的参与者。

当然，公司的战略部署之所以天天变，一是方向不确定，二是外部的竞品运营在执行上也很快，因此不得不快速了解行情以做出及时改变。而之前我说过，在刚进入创业公司做产品运营工作时，只是一名实习生。由于公司的发展步伐很快，自己当然得努力跟进，生怕拖公司后腿。那时，作为一名运营领域的新人，我也时常被叫去开会，并在会上提出有建设性的意见。因为创业公司人就这么多，如果要搞"头脑风暴"，多一个脑子就多一份想法，所以当时自己进步得非常快。而当时我并没想到，作为一名新人，自己可以参与到公司的战略部署中。这让我觉得自己不仅是一名新人，还是可以为这家公司做出贡献的一员。

显而易见，在这样的环境下，你不仅是一名执行者。这家公司的成长有你的一份努力在，你的能力也会随之快速提高。

"一夫当关万夫莫开"——独当一面的能力

都说运营就像打仗一样：这边你刚拿起机关枪瞄准敌人，那边就有人受伤需要你包扎，包扎完你还得继续拿起枪投入战斗。因此很多人觉得，自己做的东西太多，心有余而力不足，其实很想做好，但就是做不好。而在创业公司尤其如此：市场推广、文案、BD、设计、选题、策划……这些工作由一个人来做都很正常。慢慢地，你就会习惯了。而在这样的环境下拼搏、成长，就等于无形中给自己慢慢加油、充电。

所以，"独当一面"的能力不是吹出来的，更不是看书看出来的，而是真真正正通过实践练出来的。而我相信，很多人在工作3年内都不会有这样的机会，而倘若有就应该抓住，而非迟疑。

"学而时习之，不亦说乎"——不断上升的学习能力

创业公司没那么多资源，人员架构有欠缺，同时在新人培训制度上也不太完善：老员工没时间去带新人、培养新人。在这种情况下，很多事情只能靠自己摸索、学习。而在运营这条道路上，我更多是靠着"野蛮生长"自学成才，而这靠的是快速学习的能力，你可以与同行或有经验的前辈交流学习。

创业公司讲求一个"快"，因此其不只要求新人学得会，还要学得快、领悟得快，最快地理解工作的需求。在很多时候，我们都是被动地接受变化，而从未想过应主动适应变化。但你要知道，快速学习能力是为了适应创业公司的快递迭代发展。比如，我在第一家公司做运营半年之后，公司的发展速度越来越快，这就要求你的能力也得快速跟上，否则就会被淘汰。那时，公司里的每个人都会拼命工作，还会不断地学习新知识，以适应公司的发展要求。我也是从那时起紧张起来的，会通过购买线上课程等方式进行学习，所以那段时间也是自己成长最快的时候。

所以，创业公司虽然缺钱、缺资源，人员也不齐全，一个人要做多个人的工作，但在这样的环境下，可以全面挖掘人的潜能。上面说了那么多关于进入创业公司的建议，虽然很多时候，在创业公司做运营可以让你的能力有比较大的提升，但这并不适合每个人，因为在创业公司做运营的环境是比较艰苦的——每天加班是常态、薪酬低于平均水平、工作环境也有待改善……这些问题困扰着运营人，让他们纠结、无奈。如果你已根据上文做好了准备，且看中的是历练而不是薪资，那你不妨进去一搏；若你觉得自己适合"朝九晚五"的安逸工作，那创业公司并不适合你。

2.4.7 在小公司做运营需要注意什么？

我们首先说说在大公司做运营有什么优势。大公司资源雄厚，各部门之间协同完成工作，在这里你可以熟悉一个大型的品牌活动都有哪些环节、项目组由哪些人组成；而一些新媒体的小型活动也能锻炼你的策划能力、市场预期分析能力、解决问题的能力。大公司可以有轻微试错的机会。同时里面有很多前辈值得你学习。因此，在大公司做运营，其实是一个镀金、历练、学习和积累经验的过程。

而在小公司做运营，资源相对少，部门不健全，人员不完善（往往一个顶俩），部分岗位人员相对不专业（大多"野路子"出身）。因此，在这里做运营会很累，且你的单兵作战能力必须强，否则一个活动往往会因技术无法实现、后续资金无法跟进等"半途搁浅"。但好处是你会因此而快速成长，因为你经常要"独当一面"（如单独策划一个项目），所以在这般高强度下，你会快速成为公司的核心运营人员。

说完在大公司和小公司做运营的差异后，下面重点来说说，当你在小公司做运营时，在资源和人员都不齐全的情况下，该怎么做才能令自己快速成长，以及在这一过程中需要注意什么。

需要很强大的自我驱动力来激励自己

自我驱动力是什么？这里我们可以将其理解为：

- 通过自主驱动去做好自己该做好的事
- 必须要有一个可以自主驱动、自主创新的平台

我们都知道,创业公司的薪水比一般的大公司低得多,而干的活则比大公司里多得多。对于刚进职场的新人来说,这很可能使他们产生情绪,因为新人往往愿意接受安逸的环境,且他们都有个"约定俗成"般的共识:老板给我多少钱,我就付出多少努力。当然,如果在"经济杠杆定律"中,这一观点是成立的;但从运营的角度看,如果你抱有这样的想法,你这辈子都做不好产品运营的工作。

创业公司小、人也少,需要做的事情很多,可以做的事情更多,所以每个人的职责并不明确——在管理不尽规范的情况下,虽然职能也有细分,但还得兼顾一些与自己岗位相关的事。这时,如果你有足够的自我驱动力,将会学到更多,成长得也更快,也说明你适合在创业公司做运营。

我做运营到现在,自我驱动力一直伴随着我。前面提到过,在我刚进入职场的时候,就进入一家创业公司做新媒体运营,当时没人带,部门就两个人,同伴还兼顾市场部的工作。所以,很多时候我只能靠自己:内容编辑、内容精选、客服、KOL维护、举报、追踪Bug、提建议、EDM、新媒体……

所以,我每天都认真做好手头上的工作。既然没有人带,那就要利用网络、各种运营网站、APP、微信公众号等学习如何做好运营工作。白天没有太多时间去学习,就利用晚上周末时间跟"大牛"学习、交流,看运营"大咖"的文章,一边学习理论、一边实践,就这样硬把运营工作啃了下来。

需要用"先结果后方法"的原则去做事

我们都知道,"产品运营"是件琐碎的工作——大公司如此,小公司更是如此。我看过很多做运营的朋友,来到公司的第一时间就开始忙碌,却没有留点时间好好梳理一下今天要完成的事项。这样的直接结果就是:做了一天,感觉什么都做了,但好像什么也没做。这就是典型的"无的放矢",即不知道今天做的事有什么作用,现在做的事对接下来要完成的事有无帮助。

之前我看了一篇名为《真正的高手是如何解决问题的?》的文章,其阐述了这样一件事:现在,很多公司的老板都说自己的企业是以结果为导向性的,

但经过研究后，才发现都是以方法为导向的。比如，在新媒体传播中，广告公司的提案几乎千篇一律：KOL、事件营销、H5、"病毒视频"[1]，微信、微博等。其实准确地说，这不是在提方案，而是在罗列方法。这也是创业公司经常会遇到的事情：大家每天都在罗列方法，而没有想到目标是什么。什么样的目标配什么样的方法，无法"对症下药"，就是在浪费我们的时间，工作的价值也就没有真正体现。

那要怎么做呢？在我以前工作的公司，人力资源给了我一个任务，就是帮忙设计一个招聘产品经理的广告。但之前人力资源通过传统渠道招聘产品经理，但是一个都没招到，我由此陷入沉思：难道再做一个广告，就可以找到吗？于是，我和我的团队颠覆了原来的做法，而是跟某品牌的肉夹馍联合，在他们的所有连锁店里推出了"产品经理套餐"（因为这家餐厅的位置分布恰好与北京的互联网创业公司重合）——只要拿"产品经理"的名片，就可以仅花1元购买该套餐。结果，我收到了大量的产品经理名片，然后就让人力资源去甄别挖角了。

最后，我给大家的建议就是：培养"从结果到方法"的思考方式。鼓励在做事情的时候，要先认真思考一下，自己受到惯性思维的影响有多深。随后考虑一下，是否可以试着打破其限制，而是从结果倒推过来，找到合适的方法呢。我们做运营也是一样，不能让惯性思维束缚我们的大脑，而是要通过打破思维，用"逆向思维"等方式重新思考眼前的问题。

---

[1] 病毒视频：是指在偶然间获得大量关注或转载的短视频；或以营销为手段，商业运作迅速获得大家共鸣的广告、话题短片。

第 3 篇

后产品时代的运营之道

第 3 章
后产品时代的内容运营之道

　　作为一个内容运营者,首先要知道的是:自己的工作对平台或产品有没有帮助。因为只有了解工作的意义,才能发挥出自己的价值。之前提到,现在互联网运营的本质是帮助用户节省时间,并让他们的时间"浪费"在自己的产品上。而想要实现这一目标,就需要一个掌握着相当运营手段的内容运营者。本章将会阐述如何通过内容运营去吸引用户。

3.1 基于时间视角做内容运营

在我看来，内容运营的本质就是：帮用户节省时间，让他们将时间"浪费"在美好的事物上。比如，内容运营做的专题策划、呈现一篇优质的文章，都是为了让用户快速地找到自己想要的东西。而本节主要讲的就是，如何做一个帮用户节省时间的好内容运营者。

3.1.1 什么是"基于时间视角做内容运营"

2017年，罗振宇在他的跨年演讲中提到一个新概念：国民总时间（GDT：Gross Domestic Time）。在可预见的未来，时间是绝对刚性约束的资源，因为时间对每个人都是公平的。一个人有钱也好，没钱也好；有能力也好，没能力也好；有资源也好，没资源也好，他的一天最多就只有24小时，不会多一秒，也不会少一秒。所以在未来，时间就是残酷的终极战场，抓住别人的时间就抓住了商机，而抓住自己的时间就等于赚到更多时间。因此，"做时间的朋友"必将是所有人都应学会的一项生存的法则。

为什么时间会成为每个互联网企业都在讨论的话题？我们大致可以从以下两个层面分析。

用户花在互联网上的时间已经停止增长

随着"人口红利"的消失，互联网用户慢慢停止增长。互联网用户就这么多，而每个用户的时间也就24小时，而这24小时会被分成好几十块。其中，我们要去掉睡眠时间，假设网民的平均睡眠时间是7个小时，那么其每日最高在线时间就是17小时。但这也不可能，因为一到周末，户外活动、商场购物、朋友聚会、娱乐休闲等，都会挤占用户上网的时间，而用户在线时间就会急剧减少。因此我们可以明显看到，所有微信公众号的阅读量在周末都会下降一半以上，而娱乐类视频、游戏所占据的时间则会上升，"大众点评"等APP也会迎来使用高峰。

总而言之,在互联网用户的"时间池"里,总时间就这么多,但"精神娱乐"所占的时间却越来越多,这导致其剩余时间愈加可贵!

从信息爆炸到信息过剩,用户时间需要被规划

现在,我们所面临的问题不是信息不足,而是信息过剩。

我们每天要在数不尽的"朋友圈"转发内容中决定要不要点开一个文章的标题,就像要在国家图书馆般浩瀚的图书列表中选择看什么书一样,选择到底读无数个待读公号文章中的哪一篇——我们没有时间把它们全读一遍。

"免费"是由互联网发扬光大的名词之一,这种模式的基础假设是:用户的时间无限,所以他们乐于花时间接受免费的内容。但是,一旦认识到用户的时间是有限的,那免费就无法成为制胜武器。现在,你要么在免费的基础上,通过优秀的产品设计、使用体验等争夺用户时间;要么干脆就直接用收费模式,通过你的工作为用户节省时间,如优酷的会员制、"得到"APP上的付费订阅内容、"知乎"和"分答"上的付费问答,等等。

由此看来,付费反倒成了为用户节省时间的方式之一,也越来越为用户所接受。我们来举个例子,过去,用户为了看一部最新的电影,比如《美人鱼》,可能会先去搜索资源下载,然后再找字幕,但这样做的寻找成本(主要是时间)太高了。而现在,他可以成为视频网站的付费会员,这样就能直接收看了。

从罗振宇的话中我们可以判断:在信息过载的时代,用户的时间正被越来越多无用的信息填充,而只有帮用户节省时间的生意,才是未来可持续发展的根本!由此可知,在这个忙碌的时代,用户无非是想更好地利用自己的时间,将时间花费在美好的事物上,而这一"事物"其实就是很多运营人接触的内容或服务。

因此,我们得出了这样一个结论:你现在所做的内容运营,其本质是帮用户节省时间,让他们愿意将时间浪费在你"那美好的事物"上。而这就是"基于时间视角做好内容运营"的概念了。

3.1.2 如何搭建一个吸住用户时间的内容运营框架

我们做内容运营时，都会面对这样一个难题——"冷启动"。通过最初制定的内容方向和用户定位，吸引与之相关的用户，并通过他们的反馈，对内容进行优化和提升，都是内容运营初期需要密切关注并推进的事项。

在"冷启动"初期，内容运营需要关注两个生态：

- 用户兴趣生态
- 用户等级生态

兴趣生态是为了解决用户构成从小众到大众的问题，并更好地服务；其作用就是让用户将更多时间花在 APP，特别是工具型 APP 上。

等级生态是为了解决社区内容的运营重点的排序问题，也是将产品价值传递给用户的规则体系。其作用是直接影响用户分层的运营——先定好用户分层中哪一类是最顶端的，那么在"冷启动"时，就要坚持从那个等级做起，不然会出现"捡了芝麻，丢了西瓜"的情况。

在进行内容运营的"冷启动"时，到底是先搭建"兴趣生态"还是"等级生态"呢？我觉得这并非一成不变，而是要根据运营的节奏去改变。拿我的个人经历来说吧。我在运营自己职业生涯的第一个产品（就是前面说到的那个提供活动资讯的 APP）的初期，并没有特别去做内容运营框架，而是先把能引入的"精准用户"引进来，让他们对我们的社区有个大概的认知：一个年轻人的社区，供用户分享参加潮玩活动时拍下的精彩瞬间以及展示个人装备。

而我们也对用户进行了分级，为每个兴趣设立了关键意见领袖（KOL），这些 KOL 都活跃在各自的部落里（后来逐渐分化成了七大部落）。我们做了好多引导步骤，去引导刚进来的用户去关注每个部落的大咖。因为是关注体系，用户关注不同的 KOL，也就相当于关注了社区内容中不同等级的生态。

其实，在上线后的 3 个月内，我们并没有想到做兴趣生态，当时主要想的是第一批用户从哪里来，至于进来后如何运营则考虑得不多。后来我们又是怎么发现要做兴趣生态的呢？主要是因为"分享活动资讯"这个事情进展顺利，社区跑起来以后，活跃的用户开始在自己的主页（大家可以想象成微博主页）

上分享了很多别的内容，比如"今天参加了什么活动""今天又买了一个很酷的装备""今天又品尝了什么美食"等。所以，我们就对这些热度高的内容进行了归类，并引导用户去参与。

引导的方式也很重要。一般来说，先人工筛一遍帖子，看看最近的大方向在哪儿，就把话题开起来。我们可以先让运营"小马甲"带头发，再@活跃用户一起参与。另一种情况则是，兴趣生态中出现了小众内容，比如有些用户会发些二次元动漫帖，我们不用着急删除，而是可以通过官方手段为其建立部落，再借助运营小马甲引导。这样一来，社区的兴趣生态就自然做起来了。

那么，在"冷启动"期间，社区的兴趣生态和等级生态应如何有计划、有节奏地搭建起来呢？

在"冷启动"初期，按粗颗粒圈好目标用户，粗颗粒的规划不是按活跃用户、新用户、老用户、沉默用户区分，而是从社区产品定位区分。还拿我之前负责的一个兴趣社区产品来举例。我们将目标主要分为：部落大咖（就是我们所说的KOL），其主要作用之一就是发自己的生活动态，而且都是潮玩有趣的动态；活跃玩家，这部分活跃用户比较爱玩，也乐于分享；普通玩家，他们就是偶尔发发帖子，以浏览社区里有趣的内容为主。

目标用户的特征画像出来后，需要考虑什么内容能让他们产生兴趣、什么内容能持续产生、什么内容可以作为社区精选推荐给新用户。在互联网时代，用户对BBS都比较熟悉，因此，我们通过不同的板块建立兴趣生态，通过精华帖、新帖、热门帖做等级生态。

在"种子用户"进来之前，运营者就需要把内容的兴趣生态搭出来。以下这里是我的一些思路。

● 搭建时间：如果内容数量和兴趣跨度大，搭建工作需要分阶段进行；

● 社区最顶端的用户画像和能力画像：这部分跟搭建的分阶段工作相关，这个画像不同，理论来说应该是往金字塔顶端走而不是往下走，因为正式运营后，渠道越大，用户的群体水平越低；

● "马甲"的数量和所生产内容的质量：内容可不是随便搬运的，我的经验是注册500个"回帖马甲"，100个生产内容的"马甲"。"马甲"们都有各自专业的领域，比如会玩滑板的、会蹦极的、对二次元比较懂的，刻画好"马甲"的个性和身份后，就可以开始生产内容了；

● 互动：互动也属于兴趣生态的一部分。在一篇精品内容下，呈现用户间的聊天和 PK 内容，在此过程中产生的火花更有社区的氛围。同时，"种子用户"入驻后，也容易跟随氛围玩下去。

搭建产品的社区生态时一定不能急，而是要"慢工出细活"，牢牢锁住用户的心智，让用户愿意将时间浪费在你的内容上。很多做社区运营的小伙伴都来问我，如何才能快速地吸引到种子用户，让整个社区活跃起来。这个真的快不了，除非你有一个 BAT(百度、阿里巴巴、腾讯)阵营里的支持者，傍着它们的流量快速吸引流量。但这有个大前提，你还得有一个比较完整的生态体系，否则流量来了你也控制不住！

3.2　社区类 APP 如何刺激用户产生优质内容

一个社区类产品的产品链中是这样的：内容生产 – 分发渠道 – 社群 – 商业模式。这是标准的社区类产品的产品链，从优质内容的产出到内容的分发，再到商业模式的"变现"，每个环节都至关重要。但是，内容的产出是整个链条中的基础，没有内容产出就没有接下来的一系列动作。所以本节我们单独把内容的产出拿出来分析，看看一个社区类产品如何刺激、鼓励用户持续不断地产出好的内容，以维持整个社区的生态平衡。

3.2.1　"第一印象"对社区的重要性

对一个用户而言，刚上手一个 APP 时，其注意力集中在界面设计上（UI/UE）。你的产品是否符合我的审美观，是否简约大方……这些都是决定用户是否留下来的理由。接下来，用户接触到的会是产品的核心功能、玩法，那么：产品的内容是以何种形式体现的？浏览方式是不是够新奇？是否有其他有趣的功能及玩法？这就好像是你遇到一个女孩，你首先会看她的外貌，如果是你喜欢的类型，你就会想着了解她多一点，比如性格、人品等内在特征。所以，产品的初级玩法、功能、界面设计是吸引用户的第一步，甚至都谈不上沉淀，所以它们才是基础。

需要注意的是，如果你的产品长得很像某个社区类产品，而你的核心功能没有让用户了解到，那用户对你的兴趣也不会持续太久。比如最近上线的"百度派"（图3-1），它是百度旗下高质量话题的讨论社区，当你进去之后，你就会感觉似曾相识，因为它很像"知乎"。因为"知乎"是大家比较熟悉且常用的产品，所以"百度派"给笔者个人的第一印象就会大打折扣。

图3-1　"百度派"的首页

3.2.2　社区的活跃氛围能让目标人群留下来生产内容

很多用户并非刚加入一个社区就会迫不及待地发言，而是会有一段时间的观望期，看看大家都在说什么，以此来慢慢了解社区文化、熟悉社区氛围、评估其是否与自己的期待相符，然后才会以"正式加入"的心态生产内容。

我们不妨以"哔哩哔哩"（B 站）为例。众所周知，B 站很受 90 后二次元群体的喜爱。B 站董事长陈睿曾披露过 B 站的用户年龄数据：在超过一亿的活跃群体中，17 岁以下的用户占绝对主流，接下来是 18～24 岁的用户，25 岁以上的用户加起来不到 10%。在"北上广"的中学生和大学生群体里，B 站的用户超过 50%。所以，B 站的目标用户群是喜欢 ACGN❶ 文化的青少年。为了满足他们的需求，B 站提供了他们感兴趣的内容。

B 站并非创造内容的团体，而是为创造内容的人提供服务的平台。它通过在生产者和用户间建立链接，让喜爱个性化、多元化文化的人，把它当成自己的乐园。因此，B 站首页（图 3-2）给人的第一感觉是"活泼"，排版也相对比较密集。它正是通过营造这种热闹的氛围，吸引了大批年轻人，不过对于年龄稍大一点的人来说，可能就不太习惯这样的风格了。

图 3-2　B 站的首页

3.2.3　确定一批可以持续生产内容的意见领袖

随着你的社区进一步发展、成熟，需要对社区的用户进行精细化分级及分类管理，由此才能让内容生产者有持续上升及输出内容的空间。比如打通用户

---

❶ ACGN：次元文化。为英文 Animation(动画)、Comic(漫画)、Game(游戏)、Novel(小说) 的合并缩写。

的关注链，培养明星用户，让内容消费者能在各个兴趣领域里关注到它们。这能进一步提升社区的内容质量及专业度，培育社区内容良性的正向循环，促进良性的生产者竞争等。而明星用户由于其偶像包袱的存在，会更愿意保持内容的中立性。这些都是一个 UGC 社区最乐于见到的场面。

了解 B 站或深度的用户都知道，B 站有一批专门生产内容的 UP 主，他们负责发布内容——番剧、鬼畜、动画等，通过其吸引用户浏览。被吸引的用户通过发布弹幕、评论、投币、分享、收藏等行为，给 UP 主以"奖赏"，后者受到激励后则会继续创作。因此，B 站主要做的就是打造和维护"UP 主 – 内容 – 用户"形成的氛围。三者间最为关键的角色就是 UP 主，它不仅决定了内容的数量和质量，也影响着用户的活跃度和新用户的加入。B 站在产品设计和业务逻辑上加强了对 UP 主的保护，以此吸引更多有相同兴趣爱好的 UP 主入驻。

3.2.4 对广告"零容忍"，还用户干净的环境，并建立一套管理机制

是社区就会有广告，所以每个社区都会有一套较为完整的管理机制。就比如"简书"，很多用户在第一次接触"简书"的时候，都会被其干净的环境和优质的内容所吸引。所以，很多用户都很快喜欢上了它，并开始生产内容。

不过，社区对广告问题也是很纠结的，特别是对于刚起步、用户活跃度不够的 UGC 社区，其难点在于以下部分。

行为认定不是一件简单的事情，甚至不能简单地认为推销商品就要处理。例如，对"推销某某面膜"这样的帖子，肯定得马上处理。但帮爷爷奶奶推销自己生产的有机食品呢？帮老家的滞销水果打广告呢？那种一来社区就拼命发的"广告号"，当然可以直接封，但是像偶尔发发"微商"内容的活跃女用户呢？要知道，对这种用户来说，删帖就可能造成优质用户的流失，而删除这些垃圾信息的后果也显而易见。但保留这种几乎所有用户都反感的

内容，会降低用户活跃度，进而降低社区吸引力。因此，理想的处理方法或许是以下这样。

判断此种推广行为属于商业性质还是公益性质，若属公益直接"开绿灯"。

只发微商信息、商业广告的用户直接封号。

建立沉帖机制。针对既发小广告，又发用户感兴趣内容的用户（主要是女性用户），其发的商业广告予以"沉帖"（只有发帖人自己能看到，其他人看不到）处理，其他内容开绿灯。

建立红、白名单机制。我们将那些长期活跃且未发过小广告的用户放入白名单——他们的帖子均能正常显示。而在其他用户发帖时，先对有文字的图片、含有大量数字和英文的文字帖进行拦截（只有发帖人自己能看到，其他人看不到），再进行人工审核。如果是"红名单"里的用户，则其发表的每个帖子都必须经过人工审核。

邀请活跃用户协助处理。举报机制很多社区都有，至于处理机制，个人建议可以在后期邀请种子用户加入进来，例如设置"小组长"职位，给予足够的特权及尊重，从而激励他们协助处理微商及广告行为。每个人都渴望得到认可，有时候你给对方一个其他人没有的头衔会让他感动一番，从而自发地生产更多内容。人与人间的激励也是双向的，作为社区运营人员，你在工作上得到的鼓励大多不来自上司，而是这群朋友般可爱的用户。因此，你应学会去享受他们给你带来的安全感。

一个社区能够持续地生产出优质内容，用户活跃度也能维持在一个相对稳定的状态，那么"变现"也就是水到渠成的事了。

3.3 PGC 和 UGC 平台内容运营的区别

在上一节，我们提到了用户生产内容与专业生产内容的区别，本节我们具体来说说两者在运营上有哪些相同点和不同点。

3.3.1　PGC 与 UGC 的定义

PGC（Professionally-generated Content），即"专业生产内容"，由专业个人、团队针对性输出的较为权威的内容都属此类，例如新闻单位（报社、通讯社、广播电台、电视台、杂志社、图片社）、非新闻单位网站（例如各种门户网站）或平台（新浪体育、搜狐娱乐、乐居、汽车之家、各种自媒体平台），基本是走媒体路线，内容包括原创、伪原创、专题栏目制作等。

UGC（User-generated Content），即"用户生产内容"，比如微信朋友圈的图文、微博文章、知乎的文章与问答、"唱吧"音乐、快手、美拍等均属此类。

说完 PGC 与 UGC 的定义，再来看看他们各自都有哪些优势及劣势。

3.3.2　PGC 与 UGC 的优点

PGC 平台的内容运营者对内容有严格的掌控权，他们通常采取"审核与推荐相结合"或"专题集合"的形式进行内容展示，其工作目标就是要尽力满足大部分用户的口味，基本思想是：用户需要什么给什么，只要不过分。

相对来说，UGC 的最大特点在于：用户愿意自发地参与和传播，愿意产生更多互动。通常用户自主产出内容后，很容易会进行自发性的二次散播，引来爆炸式的关注与追随，形成"病毒传播"的效果。

3.3.3　PGC 与 UGC 的缺点

PGC 的缺点主要是不适用于大规模地生产内容，显得较为呆板。在社交媒体化的时代，其传播性比较差。

UGC 的弊端是：用户生产的内容多元化，形式各异、质量良莠不齐，需要较为严格的审查机制以及算法才能慢慢形成对用户有益、节省用户时间的优质内容。

3.3.4　PGC 与 UGC 在内容平台的应用

不管是 PGC 还是 UGC，都是用户生产的内容，差别就在于，PGC 将 UGC 中的专业部分和优质内容划分出来，形成有利于平台生态发展的内容。

其实我们都能看到，在如今的环境下，绝大多数的平台都是将 PGC 与 UGC 甚至 OGC（Occupationally-generated Content，职业生产内容）并行运营，这样对整个平台的生态发展起着制衡的作用。其中，UGC 负责内容广度，主要贡献流量和参与度；而 PGC 维持内容深度，主要树立品牌、创造价值，二者缺一不可。如果一个社交媒体平台只依靠 UGC，那么内容质量的参差不齐会影响用户的体验度、造成垃圾信息的堆积，使得某些负面或不良信息对用户产生不良诱导，从而造成恶劣的社会影响；如果只依靠 PGC，那没有了基础用户的 UGC 内容，用户的黏度自然会下降，用户群数量也会大大减少。

而在移动互联网发展初期，仅依靠一种模式的平台也是走不通的。让我们以"知乎"为例。

刚起步的时候，"知乎"里的绝大多数内容是由专业人士生产的，话题多集中在科技、商业、互联网等领域，而属于 UGC 的内容层级不够大、范围不够广，更像是 IT 或者互联网小圈子里的自娱自乐。既然不是单纯面向 IT 互联网的垂直社区，若不吸引更多的大众参与进来，"知乎"其实没有多大的发展空间。

后来，"知乎"的运营管理团队也意识到了这一点，于是他们在维持原有氛围的同时，开始向更广阔的群体"招揽"用户，而这些用户本身也有一定的专业性。我相信现在大多数从事互联网职业的人都会去刷"知乎"，而很多不属于这个圈子的人也开始慢慢有了类似的习惯——有问题可能不会再先想到百度，而是知乎。这得益于"知乎"在 PGC 与 UGC 取得了平衡，一旦在社区里找准了平衡点，那其马上就变得更"接地气"。

现在，很多内容平台在进行"冷启动"时，都喜欢自己生产内容或要求名人大咖"站台"，其实这样做是为了保证社区氛围的纯洁以及内容的深度，我觉得没有问题。但在产品有了一定的用户基数后，UGC模式可以开始着手准备，对内容的受众类型进行渠道下沉，因为你的内容是呈现给用户的，所以最终还得回归用户。比如"开眼"APP，其每天提供5个高质量的视频，这些视频大多属于平台生产或PGC生产，这样在APP发展前期，可以保证视频的专业性以及高质量。现在，我们可以看到，"开眼"上的视频属于用户投稿以及专业生产并行，这样既可以保证内容的来源，也在一定程度上对产品传播起到很好的作用，但这一切都是在平台有着相对完整的审查机制下完成的。

所以，在当前互联网的发展趋势下，无论是社交媒体还是其他平台，都开始注重社交与用户关系链的建设，用户成了各平台的主导者，用户体验度也决定了销量及口碑。若要满足用户全方位的需求和体验度，内容的产出就需要多元化，UGC、PGC甚至OGC都将是不可或缺的。

3.4　要做内容运营而不是内容编辑

"内容运营"比"内容编辑"要高一级，后者更偏向于技能的掌握，比如很多新媒体编辑的主要工作就是"双微"的运营；而前者的工作可不止这些。本节就来讲它们间的区别以及对从业者能力的要求。

3.4.1　内容运营与内容编辑的区别

"内容编辑"基本上等同于我们所说的"新媒体运营"，而绝大多数大学生或转岗运营的小伙伴，第一个接触的工作就是"新媒体编辑"。"新媒体编辑"的工作大致是内容的授权、转载、编辑、文章推送等涉及内容的基本工作，而有些平台可能会要求编辑具有较高的文字功底，因为你可能得亲自去创作文章，而这已经是对编辑较高的要求之一了。

但"内容运营"要更高一层。因为对内容运营者来说,不但得会编辑的基本技能,还要有统筹的能力,主要表现为对内容的统筹、活动的策划、数据的挖掘,这就是我们常说的"数据驱动内容运营"。

如果你对这两者的认识还是较为模糊,建议你去各大招聘网站看看,看看企业对"内容运营"与"内容编辑"的招聘要求。我在"拉勾网"截了两张图。

通过图 3-3,我们可以对这两个岗位的特点做一个大致总结,我将其概括为 12 个字。

内容编辑

岗位职责
1. 负责网站日常内容更新,软文的撰写发布、专题的策划等;
2. 负责解决客户使用汽车产品产生的问题、协助客户提升产品效果;
3. 策划与完成新车评测和导购栏目的文章撰写。

内容运营

岗位职责
1. 制订企业微信、微博等自媒体运营计划;
2. 负责企业微信日常运营,包括内容编辑、发布、维护、管理、互动,提高影响力和关注度;
3. 对微信推广效果负责,分析数据并及时分析、总结及反馈;
4. 推进微信潜在客户的开发和维护;
5. 参与配合微信线下活动等其他工作。

图 3-3　内容运营和内容编辑在招聘网站的要求

- 内容运营:统筹、数据、策划
- 内容编辑:采编、互动、执行

那我们又该如何理解它们呢?

统筹与采编

我们可以从原则上来区分:内容运营是指通过创造、编辑、组织、呈现网站内容,从根本上起到客户粘连的作用,负责线上、线下的销售运营和控制。其实也可以理解为基于产品的内容进行策划、创意、编辑、发布、优化等工作,要求从业者具有较高的内容统筹能力。

内容编辑的主要工作是:负责编辑稿件、排版、网站内容和相关材料的收集、写稿和发布工作。近几年来,内容编辑是热门职业,主要是从传统媒体发展而来，而 PC 时代的编辑工作大都较为简单，主要表现为采编。

数据与互动

在新媒体运营这块，编辑除了要对内容负责，还要对内容呈现给用户所带来的效果负责，否则你生产了一大堆的内容，却引发不了用户的共鸣，那所有努力都是徒劳的。刚进入运营行业的时候，我做的就是网站编辑工作——我每天要生产内容，还要跟用户互动，使它们尽量长地停留在内容页面上，并对内容的 PV、UV 负责。

而内容运营主要是对这些数据进行挖掘，比如今天的总日活用户，每个页面的 UV、PV 和页面的点击率，包括用户的停留时长等，都需要我们统计出来。在我做编辑的时候，运营经理就通过分析后台数据去掌握用户的行为习惯，再围绕这些习惯去调整工作方向和思路。比如，有篇稿子的流量非常不好，那我们可以把它的标题改得更精彩，这样就可能使流量陡然上升。这些都是内容运营需要做的工作。

策划与执行

不管是暂时做内容编辑的"半路出家者"，还是正做着内容运营的专业人士，对专题或活动策划都不会陌生，因为这是提升平台数据的绝佳办法。

而策划时的主角无疑是内容运营，因为他们对平台的整体掌控能力比内容编辑稍强，但不是说内容编辑就什么也不用做。此时，内容编辑扮演着辅助的角色，甚至在有些平台，专题策划会交给内容编辑去做。但这样的情况并不多，因为内容编辑主要的角色是执行，比如负责平台产品资料编辑、产品文字包装、推广上线、配合执行微信营销日常活动及跟踪维护，等等。

简而言之，二者的本质区别就是：编辑做产品，而运营来销售该产品。编辑是以发布者为中心，运营是以用户为中心。

3.4.2　内容编辑的出路

上一节我们阐述了内容运营与内容编辑的区别，想必很多小伙伴对此有所感悟，但还是不知道自己的出路到底在哪里。我们在这节具体说说。

自互联网出现以来，就有"编辑"一职。在 PC 互联网时代，编辑被称为网站编辑或者内容编辑，而进入移动互联网时代，内容编辑其实就是新媒体编辑，其工作一般较为基础。而对现在的很多新媒体编辑，我们习惯称之为"小编"或"CV 工程师"[只会"复制"（Ctrl+C）和"粘贴"（Ctrl+V）]，他们总是在抱怨"自己的出路在哪里"，而之所以迷茫，是因为每天做的都是重复工作，且技术含量较低。

"CV 工程师"每天的状态是这样的：

- 关注了一两百个公众号，想分析对手怎么运营，然而并没有去看，一屏幕公众号头像上都有小红点；
- 每天早上打开搜狗、新榜等搜索引擎寻找热点，然后开始复制、粘贴，拼凑文章；
- 打开排版工具，把二次原创的文章进行排版，总体视觉效果要眼花缭乱；
- 发给老板预览，等半个小时甚至几个小时后，老板回复修改意见，来来回回修改了好几版，终于可以推送了；
- 第二天查看阅读量，会发现坐拥几万粉丝，却只有几百阅读量；
- 天天追着时事热点走，可就是写不出阅读量超过 10 万的"爆文"。

"小编"也是很多大学生毕业之后的第一份工作，因为门槛不高，所以很多人愿意去尝试。表面上看，"新媒体编辑"的工作很简单，就拿微博来说，就是编辑一段 140 字以内的文字、发发资讯段子、转发互动、做做活动……只要能吸引用户关注，其实只做"转发互动"就可以了。而对于微信来说，就是编辑并发布优秀的软文，尽力提升阅读量和流量。如果公司的要求和员工的个人目标不明确，那么，这份工作也就这样了。

其实对于公司来说，微博、微信不仅是一个传播互动平台，而且是一个有价值的营销平台。微博是将陌生人转化为熟人的营销工具，微信是通过熟人转换给陌生人的营销工具，无论是趣味图文还是软文，都能为产品及品牌营销大大节约成本。但微博、微信营销最忌讳的就是非常直白的推送广告。

所以，一个真正有能力的新媒体运营编辑，需要有较高的工作能力。你不仅要非常熟悉社交网络，还得懂公司产品、用户、市场、营销、文案、品牌，对互联网热点有着敏锐的洞察力，且时刻保持创新精神。众所周知，新媒体编辑的发展道路是多元的，只要你拥有这些综合素质，可供选择的道路自然很多！就比如，作为互联网领域的编辑，往往可以规划这样一个职业发展道路：

新媒体编辑—新媒体运营—资深/高级新媒体运营—新媒体运营主管/经理—新媒体运营总监—运营总监（根据需要也可换位其他CXO级岗位）

这就是从一名"小编"做到总监级别工作的常规职业发展道路，可是这条道路曲折而漫长，虽可作为出路之一，但坚持下去的人不多，因为运营的事较为琐碎，做好了如鱼得水，做不好就事无巨细，所以很多小编都有往策划、自由撰稿人或创业发展的打算，前途也随之充满各种可能。

职业撰稿人

现在的职业撰稿人更像自由职业者：很多人可能因为自己写文章不错，会去帮忙写写文章、做做活动策划之类的。而诸多自由职业者平台的出现，更是为他们提供了土壤。值得注意的是，"撰稿"并不单指写文章，也可以是视频或其他形式的创作，这里的"撰稿"等于"内容创作"。比如著名游戏播客"敖厂长"，他是银行职员，并未建立公司，但他的一部分收入来源和他创作的视频有关。

创业老板

从老一辈的网络红人"李叫兽"，到现今的"papi酱""咪蒙"，都在提升新媒体粉丝创造的经济效益。这条道路看似是直线式的，但走起来却极其复杂。比如，玩微博的人或多或少知道"留几手"这个大V，但可能不知道这个号属于一家名为"蜂群传媒"的公司，也更不知道"知乎大神""我的前任是极品""土豪""公众号菌""精分君"和这个公司都是有关联的。

从"小编"开始，一点点"写出"自己的公司，这条道路充满艰辛，而且也很现实。而在移动互联网时代，提供了充足且便利的基础设施让你去大展拳脚，只要你有足够的才华，就能闯出自己的一片天。

文案策划

如果你在编辑这个位置做久了，往往会对行业内的事比较了解。等做得得心应手，上司一般会给你升职。当你升到一定的职位，上司就会扔出这样的任务给你：我们计划改版，你拿出个方案来；我们准备新增个博客频道，你拿出个方案来；我们要修改首页，你看怎么改，把栏目增加一倍行不行，诸如此类。它们会不断挑战你的能力底线，这时就要靠信心和积累来搞策划。要知道，没人教你这方面的知识，全凭自己在工作中的思考，看你是否有快速学习、迅速做出反应的能力。没有人天生什么都会，在网络时代，每个人都得变成"特种兵"——快速反应，快速机动，适应各种复杂"地形"。网络没有樊篱，没有程式，一切都是可变的。

产品经理

如果你正在一个日益坍塌的行业做新媒体人并且寻求转型，可以考虑"产品经理"这个方向。一个"强运营"的公众号（服务号、订阅号）本质上是互联网产品：用户画像是怎样的，怎样"冷启动"，怎样拉动用户增长，怎样运营用户，怎样设计种种功能的。这难道不是一个产品经理应该做的吗？当然，也许你一开始并不能成为产品经理，但你要知道，今天的努力让你有机会进入一家互联网公司，从而往产品经理的方向努力！

市场推广营销

吸引粉丝关注你的"新媒体"的过程，干的就是这个事。因此，市场推广也是你的出路之一。如果你懂得互联网品牌运作、线上渠道传播，显然，随着公司推广模式的变化，你会逐渐展现出专业性和个人价值，也会成为公司相关部门的主导者。没有哪个公司的发展可以逆势而行，只要你的技能顺应大势所需，你的重要性也就不言而喻了。

小编算是每个互联网人进入互联网行业的必修课之一。所以，你要接受自己现在的位置，更要快速成长起来，跨入互联网行业的"大门"。当你准确地把握自己的心理预期，明确个人定位，你会发现：自己已经不再受制于"新媒体编辑"这一岗位了！

第 4 章

如何成为一个文案高手

文案功底是内容运营者的必备技能，也是区别于内容编辑的重要标准，因为写文案不单是对运营人文字功底的考验，更是对思维意识和逻辑水平的考验。所以，要成为出色的内容运营者，首先得成为一个文案高手。

4.1 好文案的"六步曲"

文案,一把能戳中用户内心的利剑,一盏让产品散发无限光芒的照明灯,一部逻辑和巧思共同构成的精致作品。比如,我们在网上经常看到的《邮件营销:邮件打开率点击率提升 80% 以上的 EDM 秘籍》(XX 邮件营销软文)、《小站长年收入 10 万不是梦——我的奋斗历程》(XX 网站培训软文)、《Macbook AIR 创、新、薄(世上最薄的笔记本电脑)》(Macbook AIR 宣传软文),都是凝聚了文案人泪与汗的精致作品。

不管你的品牌是大是小,推广时都离不开文案。比如,过去的一些商务手机,会经常在商务杂志投放推广软文;某杂志插入了一篇酒厂的软文,讲的是酒的历史,跟杂志本身的调性很契合,可以算是佳作;而当你上"搜房网"等购房网站时,里面大多是开发商的软文。

作为内容运营者,应该如何写出直击用户内心的好文案?先来看看写好一个文案的"六步曲"(图 4-1)吧!

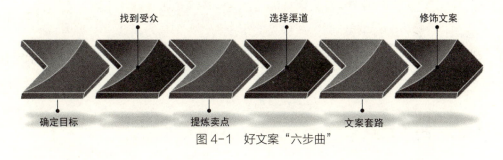

图 4-1 好文案"六步曲"

4.1.1 确定目标

在写一篇软文之前,一定要先弄清楚自己的目的是什么:做一次推广以达到吸引用户来注册网站或关注公众号的目的?让用户下载你家的 APP?给自家公司的某场活动预热?这都是你在写软文前必须弄清楚的。

4.1.2 找到受众

在明确了目标之后，很多人会急着开始写文案。但如果连自己的受众在哪儿、他们在想什么都不知道，你的文章又写给谁看呢？所以，我们需要明确目标，即"他们属于哪类群体"，因为只有在确定目标用户之后，你才知道该写什么，这样文章才能击中其内心、才有可能带动产品的销售，实现文章转发或用户转化。

说了这么多，那我们应如何去确定目标人群呢？以下是 4 个确定目标用户的原则：

- 我的产品符合目标人群的需求吗？
- 目标人群买得起我的产品吗？
- 我掌握的推广渠道能否覆盖到目标人群吗？
- 我的产品调性与目标人群的价值观相符吗？

然后，我们就可以按照这 4 个原则去找出符合这些特点的人群。切记！在写文案之前，先确定目标人群。即使你在大街、电视、网络上看到别人家的文案时，也先试着想想对方的目标人群是什么？这不是没事找事，而是一个文案人应有的素养。同时，这也训练了你的本能，是你超越竞争对手的前提条件之一。

4.1.3 提炼卖点

在提炼卖点时，应做到"人无我有，人有我精"——这在产品学里是一条亘古不变的真理。这里的"人有我精"指的是：你在原有的基础上，要研发出新的东西来；或是做出不错的产品优化。但互联网发展到目前这个阶段，市场上已有的产品大多同质化严重，市场份额也基本被行业巨头霸占，这时，倘若你再做毫无新意的同类型产品，几乎没有成功的可能性。试想一下，你现在要在做一款和微信一样的社交软件、类似"百合网"的婚恋交友平台，抑或是"百度外卖""饿了么"那般的外卖平台，你还有多大的胜算？

360公司董事长周鸿祎在一次公开演讲中说道:"一个好的产品,必须满足三个条件:刚需、痛点、高频。"所谓"痛点"就是"稀缺性":你的产品能帮助用户解决别的产品无法解决的问题,那就是有卖点的产品。产品卖点是一个产品的核心价值,不需要多,一个就够。通常情况下,市面上那些设计复杂、功能繁多的产品无人问津,而功能简单明确、有主打特色的产品却有很好的销量。这就体现了"卖点"的重要性。比如,小米公司在推出自己的笔记本时,市场上已经有了多个笔记本电脑巨头——弘基、联想、华硕、苹果。那么,在强手如云的市场中,怎么才能做到差异化营销呢?而在小米笔记本的宣传海报上(图4-2),就写着这样一句广告语:像一本杂志一样薄。为此,设计者还在旁边放了一本杂志。一个很形象的比喻,就突出了小米笔记本的卖点——薄,这样就将其与市场上的诸多同类产品区别开来。

图 4-2　小米笔记本宣传图

4.1.4　选择渠道

我们要根据渠道的特性,来决定文案的开头,这也是人们往往忽略的。随着用户阅读习惯的逐渐改变和碎片化阅读逐渐成为主流,同时,受限于媒介展示面积大小的差异，渠道对于文案的销售力效果影响是非常巨大的。

比如高速公路旁的户外广告。在汽车高速行驶的过程中，用户从车窗看到的广告牌的有效阅读时间为 1 ~ 5 秒。显然，这么短的阅读时间，不适合做太过密集的文案。那这种形式适合什么样的广告呢？品牌广告最佳。

而高铁、飞机上的杂志，一般有效阅读时间为 1 ~ 30 分钟，适合长文案和深度文案，方便用户深入了解产品。

那我们经常逛的微博呢？一条微博的有效浏览时间为 1 ~ 3 秒。另外，受限于 140 字的篇幅限制，我们必须要在开头先激发用户的兴趣、吸引其注意力，才可能让他们继续阅读。

在算出各种文案形式的有效阅读时间后，我们就可以确定要写些什么了。接下来，怎么能尽快在有效时间内吸引对方呢？

● 说出目标用户的"名字"、用户群、特征。例如，"应届生必看""大四学生必看"。

● 说出用户迫切想要解决的问题。例如，先用"面试机会少，简历没人看？"直接说出问题，再用"让面试率提高到 90% 的方法"正面解决问题。

在这个注意力都成为稀缺之物的时代，根据渠道的特性去写对应的文案，吸引到目标用户的关注，是文案人必须有的意识。

4.1.5　文案套路

在确定产品的亮点后，就要进入文案撰写的准备阶段了。那文案的套路是什么呢？就是给用户讲故事，引起用户的共鸣。比如：

褚橙讲了一个褚时健老当益壮的故事，就将其他千千万万的橙子甩掉不知几条街；

王石讲了一个登山的故事，为万科节省了三亿广告费，当然，好处还不止于此。

……

"讲故事"营销在网上有很多正面实例，屡试不爽！

那我们应该讲什么样的故事呢？

很多讲故事达人都给品牌故事分过类，但看着有点凌乱，而且有些类型也略显生僻，没什么普适性。比如，有位老师提到了"专家肯定型""祖传秘方型"故事，但联想到产品本身，真心不想约。这里，我简单总结3种"故事型"文案的套路。

- 前世今生型：讲述品牌创立的前前后后，从无到有，或创始人的心路历程，像传记一样。这种方法比较传统，基本上体现不出创意上的亮点，不过比较容易塑造企业或品牌稳重、老成的形象，帮助人们了解品牌，是一种直接有效的方法。

- 突出卖点型：如果产品的特点能搭上消费者最关心的那根线，那就是最大的卖点了。比如做餐饮行业的，就要打消人们对食品质量的顾虑；做电器的要打消人们对用电安全的担忧。为了争取消费者的信任，我们还要展示企业为了质量、安全是多么不惜血本、负责到底。比如，肯德基销毁当天卖剩的汉堡包，以保证汉堡包每天都是新鲜的；海尔的张瑞敏曾怒砸26台不合格冰箱，都是典型的"抛卖点"故事，虽然显得有点"刚猛、粗暴"，甚至还曾遭到非议。但一个故事能把一个点说亮，就已经达到目的。

- 情怀鸡汤型：这是现在很多企业特别喜欢的类型，显得有品位、有深度，还便于隐藏商业味儿。虽然成功的案例很多。但失败的也很多——"鸡汤"这个东西要是没弄好，容易变成"狗血"。

故事讲得好，能引起读者的共鸣，就不怕没人关注！

4.1.6　修饰文案

当一篇文案的初稿确定之后，往往需要经过修饰，使其能激发用户的兴趣。

那应该怎样去修饰文案呢？这里给出一些自己的建议。

先搞清楚我们的产品是大品牌（市场里的用户已经对其有足够的认知）还是初创品牌（用户压根不知道你是谁），这很重要。有些文案人一天到晚都在模仿大公司的营销文案和海报，比如杜蕾斯、宝马、王老吉等，但它们的效果之所以明显，是因为其已在人们心中有了清晰的品牌定位。如果我们是小公司，却"没学会走就去跑"，那肯定会摔得很惨。

所以，在搞清楚产品的市场认知度之后，我们就应该有针对性地撰写文案。举两个例子大家就一目了然了。

知名品牌：

世间所有的内向，都是聊错了对象——陌陌

不知名品牌：

学钢琴的孩子不会变坏——某钢琴培训机构

打个比方，大品牌就像是一个有上千万粉丝的明星，在微博上随便发个"周一见"，就会引发媒体的疯狂报道；初创品牌则像是刚开通微博的流浪歌手，你发一个"周一见"，压根没人搭理。所以，如果你的产品在切入市场时，还没有形成深入人心的影响力，那么就要经历"品牌塑造"的过程。此时，你首先要做的，不是突出产品优势和品牌调性，而是唤起消费者的消费动机。

做文案的另一关键是，不要使用过多的形容词。形容词堆砌而成的广告语，给人的感觉是空洞无力，缺少对产品特点的诠释及客户心理需求的呼应。形容词催生不了好文案的另一原因则是——用户对形容词缺少信任。对于文学创作，形容词不可少；对于产品文案，太多的形容词却会给人以粉饰、虚假之感。比如"XXX音响，听觉的极致盛宴"，由于"极致"是个很虚的词，极难体会，无法给人以想象的空间。因此，这样做属于"王婆卖瓜，自卖自夸"，夸得太狠就会有些过犹不及、适得其反。

总而言之，好的文案不是故弄玄虚、无中生有，而是经过策划、有着故事性的作品。直白点说就是：创意 + 套路 = 好的文案。

4.2 文案写作的"三要素"：背景、冲突、答案

之前说过，写一篇文案得需要经过"六步曲"，其中有些要素是必须要掌握的。本节将详细分析文案写作的"三要素"：背景、冲突、答案。

4.2.1 "三要素"使用实例

现在是营销的时代,而营销靠什么?产品好!这句话说得没错,但产品怎么跨地域呈现给更多的目标用户,让他们看到、用到它?最终还是会落在文案上。前有"脑白金"的"今年过节不收礼,收礼只收脑白金";后有小米手机的"为发烧而生",都是文案界的经典。那为什么人家的文案能击中用户内心,进而转化为看得见的效益呢?靠的是文案作者对产品的理解以及对用户内心的深究。正因如此,他们才能成就一个又一个传遍大江南北的品牌经典文案。

那么,如果你还是个不太成熟,或经常为了如何写出"惊天地、泣鬼神"的文案而苦恼的新手,那怎么才能写出能让消费者铭记的文案呢?首先看个案例。之前,微信的朋友圈里曾出现过比亚迪唐100的广告,其文案是这样写的:"看到这条推送的人,你不是被大数据选中,而是被历史选中。"这样的文字加上著名影星"小李子"的照片,显得高端上档次。而当我们点开链接后,就会播放一个视频,里面是这样说的(图4-3):

绿色是自然的馈赠,

更是我们善意的回应。

将蔚蓝还给天空;

将清新还给空气;

将美好的世界还给未来;

历史,是每个人都有背负的责任。

其实这段文案体现的,正是比亚迪唐100作为电动车的属性之一——响应国家对新能源开发的号召。这样看来,它的确做到了恰到好处,也说到了点子上。由此,将"比亚迪"这一品牌与"绿色环保"联系在一起,马上增强了其社会责任感以及用户的好感度!

仔细看看,这段文案之所以成功,就是紧紧抓住了文案的三要素:背景、冲突、答案。

背景:绿色是自然的馈赠,更是我们善意的回应。

冲突:将蔚蓝还给天空;将清新还给空气;将美好的世界还给未来。

答案：历史，是每个人都有背负的责任。

图 4-3　比亚迪唐 100 的朋友圈文案

由此引申到这部比亚迪唐 100 上来，由于其是绿色环保电动车，驾驶它就相当于为环保做出了贡献。这唤起了消费者对社会的关怀和爱心，进而让其产生共鸣！

不管这款车的销售成绩是怎么样的，但最起码，在很多文案人看来，这样的文案就是成功的文案!

4.2.2 "三要素"的强大之处

不管别人如何怎么构思、创作文案,但是如果按照"三要素"去写,你的文案肯定不会差。特别是对刚进入这一行业的新手来说,掌握"三要素"将会受用一生。

看过巴巴拉的《金字塔原理》❶的小伙伴都知道,其中一章说到,我们在进行表达或演讲时,都应把自己的思路清晰地告诉听众,想要达到此种效果,你的表达应建立在具有清晰逻辑的基础之上。而这个逻辑就是"层层递进,不断引起观众的注意;遵循'三要素'来讲故事,使听众与你'站在同一位置上',不断引导他们了解你"的思维过程。

需要强调的是,在"三要素"中,"背景"与"冲突"是用户经常察觉或发生在自己身边的,就像比亚迪唐100的文案——绿水青山、清新空气都是大家所期盼的,但又是经常被破坏的,这因此成为人们的痛点!只要紧紧抓住这样一个点,就可以使文案传递出产品的价值。

图 4-4

---

❶ 《金字塔原理》:是一本讲解写作逻辑与思维逻辑的读本。

图 4-4　优信二手车广告

其实，遵循"三要素"的品牌文案又何止比亚迪呢？在许许多多的知名品牌文案上，"三要素"的重要性都体现得淋漓尽致！比如前段时间"优信"二手车的广告文案（图 4-4）：

人们没有退路

但，买优信二手车有

钱没损失，就是最大的保障

"优信"把"人生没有退路"作为背景，而这正是人生中面对的最大难题之一。但在广告最后却来了个转折"买优信二手车有"，这给了前面的问题答案，让用户一下就能清楚记得：买"优信"买二手车可以退换！

总之，文案的"三要素"就是以纵向思考的模式，清楚告诉读者你要讲述的故事。重要的是，故事中必须包含大众已知却还不曾解决的"痛点"，而品牌就是"痛点"的答案！

4.3　不知名品牌的文案如何写

很多刚接触文案的运营人或营销人，每次在写文案时都会产生困惑：为什么我努力在模仿一些知名品牌公司的文案，比如杜蕾斯、可口可乐、苹果……却总是做不好？别人轻轻松松拟个普通的标题，就能吸引到千万人的点击阅读，而我写的就是没人点。该模仿的也模仿了，但效果就是不行。原因在于，你在写文案时要做的，不是突出产品优势和品牌调性，而是唤起消费者的消费动机。

那我们在写文案时，该如何唤起消费者的消费动机呢？

4.3.1　保持神秘感，让用户充满好奇

我们常说，文案要"吸引注意力，吊人胃口"。的确，这样做可以勾起你的好奇心，让读者的脑海里出现无数问号。正所谓"保持神秘感，就能保持新鲜感，也就不会过气"，神秘感可以触动你的想象力，让你忍不住想靠近它。这种感觉就像欣赏一场魔术。观众爱看魔术的原因之一，就是想知道魔术的手法究竟是什么。而这就是对神秘的向往。又比如，我们每个人都想知道《蒙娜丽莎的微笑》的到底蕴含着什么、极光是怎么产生的、杀人犯的脑子里在想什么……你很难去解释这些东西，所以你才充满好奇。

我记得很早之前，必胜客曾抛出一个话题："如何才能把必胜客吃垮？"

这个话题引发了好多用户发帖分析，进而创造了大量转发、分享。结果大家都能猜得到：很快，必胜客爆满，大家都想去感受下是否能"吃垮必胜客"。必胜客的文案手是"如何体"，它可以让用户产生好奇，而我们在写文章的时候，也常会用"如何体"的标题，比如"如何才能在半年内月入百万？""如何利用大家的好奇心赚钱？"，等等。

所以说，我们在写一些不知名的品牌广告文案时，可以利用"如何体"吊足用户的胃口，从而激发他们的好奇心。

4.3.2 碰触创作禁忌，会让用户"抓狂"

被禁止的东西更容易吸引大众的眼球。比如被列为"禁书"的书，如果不小心让人知晓，搜索的人就会成倍增长，就比如《金瓶梅》，人们之所以为其疯狂，并非因为其中含有某些内容，而是它被列为禁书，大家才想尽办法"一睹真容"。

这类的文案常用形式如下：
- 千万别点……
- 这文章有毒。
- 公共厕所里禁止吸烟。
- 这部车过一小时才能开。
- 这家店只允许女性进入。

虽然这类文案适合不知名的品牌，但却存在某些致命缺陷：它已被用烂，虽然偶尔还能创造一些奇迹，但热度已在慢慢消退，所以大家还是要慎用。

4.3.3 讲一个引人入胜的故事

用文案讲故事，每个文案人都会做。相对于大公司，这类文案更适合小公司。之所以能有效果，是因为它们引发了用户的情感共鸣，从而将他们拉近。事实上，一些科学研究已经显示出，这些故事有效地促使了大脑产生激素，进而引发情感共鸣。

那我们应该讲什么类型的故事呢？

4.3.4 怎么讲好故事

- 线索收集：在讲故事之前，你要对自己的产品有绝对的了解。从产品最初的构想开始，研发、生产、销售、售后等环节，都要挖掘出有价值的线索和内容，特别要注意寻找有关人的元素。这些内容的准备是讲好故事的前提条件。

- 受众观察：我们得知道用户是谁，他们的年龄结构、性别比例和兴趣爱好等。对讲故事来说，我们常做的用户分析同样不可少。这样做是为了更好地将故事"卖"给用户。用户关注我们的哪些内容和方向，我们就多讲哪里的故事，以投其所好。

- 渠道选择：重点考虑两个方面，一是用户是否广泛活跃，二是故事的语言和叙述风格是否与渠道的传播特点匹配。此外，故事是做成文本、图片（漫画）、视频、H5，都要从用户和渠道的特点这两方面去考虑。

- 情节设定：应该通过某个热点事件去引出一个故事，故事中一定融入人的情感，适当来点情怀和感悟，最后在恰当的地方"展现"产品。

人是感性的动物，所以越是感性的内容，越能感动用户。同时，请相信"平凡即伟大"：能感动人们的，往往是一些简单且平凡的道理。复杂的场景和内容，反而不易被人们记住。

- 在传播形式上创新——图片、漫画、短视频，这是因为 80 后、90 后早已经进入了"读图时代"，比起长篇的文字，图像更具直观性和美感，易于传播，也更适合碎片化时间。而由于喜欢二次元的年轻群体的崛起，漫画的受众群要更大，且其本身就具有优秀的可读性和可传播性。

至于视频营销，其早已经成为广告的主流投放渠道。所谓的"品牌视频化"，即很多广告主会将品牌广告通过视频展现出来。这个趋势非常明显。

- 刺中用户内心的痛点，可以产生意想不到的效果：人们都说创业是要生产用户所需的产品，这样才有生产的价值。而文案也要戳中用户内容的痛点，才会产生意想不到的效果。

- 制造意外冲突。

4.3.5 说出消费者难以启齿的痛苦

我们来看一个优秀的故事型文案。

多芬公司可能是全世界最会洞察女人的品牌。为了宣传自己的产品,他们曾找来美国罪犯肖像艺术家吉尔·萨莫拉,并邀请了 7 位女性,在完全看不见彼此的隔离状态下,让她们向吉尔描述自己的外貌特征。而吉尔会根据她们的描述画出画像 A。之后,他们又找来 7 位陌生人,让他们来描述这 7 位女性,吉尔则根据其描述画出画像 B(图 4-5)。

画像 A 的描述往往很悲观:"我的脸颊很肥""我觉得自己鼻梁很塌"……
画像 B 的描述则乐观得多:"她有双迷人的眼睛""她的脸型很标致"……

图 4-5 自己的自画像和陌生人眼中的自己截然不同

可以看到,女人总在低估自己。为什么会如此?因为这个世界一直在售卖美丽。整形医院打双眼皮手术广告,相比之下,自己的单眼皮似乎总显得无精打采;"维多利亚的秘密"的超模能瘦出腹肌,自己的小腹却拥有丰富的脂肪。

在这个世界上，不管女人怎么想，总有人在刺激你；就算你变美，总会有比你更年轻、更漂亮的出现。"女人，背负了太大的压力"——多芬把画像交给了7位女士，同时借这句广告语端上了热腾腾的"心灵鸡汤"。

一切产品都因需求产生。至于怎么刺激用户的购买欲，则要文案人加以引导，解决他们的需求。所以我们在写文案时，切记不要跟风追随大品牌的创作手法，因为这些品牌已经在市场形成了固定的用户认知，它们不缺媒体报道。而作为小品牌，我们面临着"品牌塑造"的过程，因此我们的首要任务，不是突出产品优势和品牌调性，而是唤起消费者的消费动机。

4.4 文案标题的"三原则"

如果你是做内容运营相关工作的，你的上司肯定经常在标题上"抠字眼"吧！

标题"要有趣、要吸引到用户、要让人有'立马点开'的冲动"，甲方不也经常有这样的要求吗？因为好的标题就像人的脸，给人以好的第一印象，接下来才会有故事。试想你在"相亲"时，对面坐着的是个外表邋遢的人，你还有继续下去的动力吗？若是你对面坐着的是举止得体、谈吐优雅的人，你是不是会有了解下去的欲望呢？这是一个"酒香也怕巷子深"的年代，而好的文案标题能让更多的人了解你文案的内容。

4.4.1 先写个能概括文案的标题，然后再深入修改

不管是写文案还是写文章，我都会先习惯性地取个标题。对于标题，有三个"不要求"：不要求"标题党"、不要求过长或过短、不要求朗朗上口；但有两个"必须"：必须能概括我写的东西；必须让人看得明白。

我们每次在起草文案时，都需要制定一个标题，它大概能够概括我接下来的文案是什么样子的，所以，刚开始取标题的时候，我不要求有多精美好看，

也不要求多长或多短,只要求这个标题能够准确表达我的意思就行。

比如你做一个"双十一"的促销活动,一开始只要写一个类似"双 11 促销活动,年费五折只要 99,一次性买 2 年再多送 1 年"就够了,它能帮助你设计文案的内容和页面。等到全部工作完成,最后再回到标题,在此基础上进行修改即可。

4.4.2 把标题说清楚才有利于传播

其实在标题这件事上,"标题党"的套路已司空见惯。之前我看过一个"设置悬念式"标题,不知是看的人误会了还是写的人没有写清楚,总之就是不知所云。对一个传播式文案来说,这其实是失败的,因为你的文案传播出去,是为了让更多人读到你的内容,并由此了解你的品牌。

所以你得先把事说清楚!因为只有用户 A 看懂了,才能传给用户 B。举个例子,某大妈在小区里跟其他大妈说:"小宇超市 5 升鲁花花生油大促销,买 3 送 1 啦!"于是乎,众大妈奔走相告。为什么效果如此之好?因为文案的信息很明确。相反,如果超市搞同样的活动,却只写出"在超市购物有神秘礼物赠送",那绝不会有如此多的人传播和购买。你想,难道大妈 A 会悄悄跟大妈 B 说:"喂,超市有神秘礼物赠送"吗?

4.4.3 取标题时多想想用户的工作、生活场景

现在,很多做文案工作的小伙伴取的标题都是"自嗨型"。所谓"自嗨型",就是把自己当成用户了——我觉得还行的标题,用户一定也觉得不错。我们在写文案或文章时,应该站在用户角度想问题,取标题时更是如此。所以你在取标题时,先要想想你的文案是给谁看的,这些用户一般会在哪儿看到你的文案。

简而言之,越贴近用户生活,文章才越容易被人读到。所以,一个合格的平台编辑需要了解用户生活中的常见场景。比如你是一个隶属于"36 氪""虎嗅"等媒体的小编,那你应关注的常见的场景就可能包括:打车、挤公交、办

公室、寝室、逼婚、睡懒觉、加班等。而当你的标题准确切入到这些常见场景时，被点开的概率就大得多。以这篇文章为例：

《年末了，运营如何写好年终总结报告》

这个标题较为准确地切入了常见的工作场景——年终总结报告。而正值年终岁末，很多公司都要求员工进行年终总结或新年规划，做一个夺人眼球的 PPT 是高频刚需。因此，如果你是做产品运营的小伙伴，一般都会点开瞧瞧。

4.5 文案标题的 12 种套路

在上一节中，我们介绍了取标题的三个原则。本节，我为大家准备了文案标题的 12 种套路，必要时可以参考。

4.5.1 利益带入法

直接把文章能够带来的好处告诉别人，看你的文章是能怡情还是长知识。这样就把用户最关心的"痛点"凸显出来，可以快速吸引核心人群。

示例标题如下：

《5 张图告诉你"奔三"还单着的感觉会有多糟》

《18 道工艺锤炼，但我只是张便利贴呀！》

《"文案狗"翻身做主的 3 件法宝，拿去！》

4.5.2 注入神秘感法

神秘感是诱发人点开你文章的元素。因为人都是有好奇心的，特别想知道自己不了解的事物，所以紧紧抓住这个点，也是我们写好标题的方法。

示例标题如下：

《9 个简单步骤助你写出吸引人的标题》

《一分钟写好 1 个不可抗拒标题的秘诀（透露 3 个绝招）》

《揭秘：陈赫团队是如何操纵互联网舆论的》

4.5.3　顶级权威法

人们或多或少都有"认同"权威的心理，所以当标题上冠以"专家""权威机构(政府部门、名企、名校)""名人"等词眼时，自然更能吸引读者的点击。

示例标题如下：

《"微信之父"张小龙表示微信将推出应用号》

《董明珠：雷军和苹果公司赌才是真的赌》

《清华校长履新前的最后演讲：平庸与卓越的差别》

4.5.4　贴标签法

标签是一个人的身份符号，是一看就能识别出对方为哪类人的词。比如写给学生的，标题就可以出现学校、选课、考试，等等。

示例标题如下：

《营销狗坐地铁的 12 种姿势，有毒》

《文案吐血瞬间，哪个戳中了你？》

4.5.5　场景带入法

能引发共鸣的就是我们身边的生活场景，多想想你的目标用户此时此刻正在某地干什么。在标题中将那一场景再现，想必能让人感同身受。

示例标题如下：

《"自断经脉"的打工族，如何利用挤地铁时间成功上位？》

《刷微博逛朋友圈成日常，月薪 3000 你怨谁？》

《焚烧的纸钱，祖宗收到了吗》

4.5.6 "如何体"法

熟悉我的小伙伴都知道，我之前的很多文章都在用这个套路，甚至连本书里的标题都以"如何体"居多。在广告标题、杂志文章或书名中，"如何"这个词都有神奇效果，它直接提出了具体的信息、有用的建议以及解决问题之道。

示例标题如下：

《如何才能月入过万？》

《如何成为一个高手？》

《如何能写出一篇好文章？》

4.5.7 作比较法

直观的对比更易体现出优势。比如，你和姚明站在一起，就会感觉自己很矮小。

示例标题如下：

《月薪 3000 与月薪 30000 的文案的区别》

《相较于其他社区，KEEP 为什么能够脱颖而出》

《年薪 5w 和 50w 的职场人在思考上有何区别》

4.5.8 疑问句法

疑问句能让用户产生疑惑，这就相当于调动了他们好奇心。所以，很多文章的标题都带有"如何""为什么""怎样""哪些"之类的问句。

示例标题如下：

《哪些行业才适合做信息流呢？》

《为什么咪蒙可以做标题党？》

《公众号真能赚钱！你们都赚到钱了吗？》

4.5.9 稀缺性法

和好奇心类似，稀缺性总会让用户产生心痒痒的感觉。在拟定类似标题时，常以内部资料、限时推送等为核心的稀缺资源作为诱导。这是很多电商在创作文案或在线教育产品售卖时常使用的标题手法。

示例标题如下：

《11月11日11：11分999元限时秒杀iPhone6S》

《腾讯内部产品经理培训文档（马上就要被屏蔽了）》

《新媒体总监特训营，前10名用户1折》

4.5.10 狂飙数字法

人对数字较为敏感，如果你看到了这样一个标题——"让公众号在3天内吸收3200位精准用户的技巧"，相信其数据会给你极大的冲击力。这种方法很能吸引用户的眼球，因此，如果想不到好的标题，可以多用数据型标题。

示例标题如下：

《四方面，三步骤，内容运营追热点全面教程》

《在腾讯2年，我学到了这15条关于运营的干货》

《能提升60%工作效率的10款新媒体工具》

4.5.11 抓住热点法

热点是每个品牌都不会放过的，"蹭热点"也就成了品牌营销的绝佳方式。因此，大家不妨利用时下流行的综艺节目、电影、电视剧、新闻等组织标题，以此来包装想要传递的内容。

示例标题如下：

《从〈歌手〉看职场生存法则》

《你值得拥有的赵默笙同款短发》

《WPS 的三生三世，雷军的十里桃花》

4.5.12　错位法

就是"常规的事情非常规说，非常规的事情常规说"，让人产生新奇的感觉。比如说妈妈的日常生活，就可以用说明书形式来解读，如"亲妈使用说明书"或"亲妈的正确使用方法"等。

示例标题如下：

《优雅拒绝加班安全指南》

《杨贵妃搞直播，画风大约是这样的》

《xing 福已上架！请自觉领取》

第 5 章

后产品时代的用户运营之道

　　如果让你来负责一款产品的"冷启动"，该如何吸引第一批种子用户呢？这是很多做运营小伙伴面临的难题。现在，很多运营新手问得最多的就是"如何拉新"。所以在本章里，我会从如何进行用户拉新、利用人性弱点构建用户激励体系入手，再通过分析知乎、B 站以及网易云音乐的用户运营方法论，双管齐下，助你快速上手用户运营。

5.1 用户运营的"5W2H"法则

我将用户运营的"5W2H"法则称为挖掘目标用户的黄金法则。只有懂得用户的特征，才能运用相应的运营手段挖掘其价值。

5.1.1 What——什么是用户

什么是用户？这可能涉及产品经理的研究层面了，但作为一个打算发展成"全栈运营人"的从业者，就必须有跨领域学习的心态——不管是产品还是运营，都必须得懂。

"百度贴吧之父"，中国早期的搜索引擎研究者、推广者之一俞军，曾提出过关于产品的"十二条军规"，至今它仍是很多产品经理的准则。后来，"三节课"创始人的后显慧在跟俞军聊天时，将"十二条军规"进行了精简，其中一条就提到了"什么是用户"。

俞军说道："大部分人都觉得用户就是人，其实用户不是人，不能简单地把用户比成人。"

很多人在看到"用户不是人"时都很惊讶的：用户不是人，这不是违反了我们对用户的理解吗？一直以来，不管是做运营还是产品的，抑或者企业的 CEO，都说自己的产品满足了多少人的需求。所以，当俞军说到"用户不是人"的时候，哪怕是我都觉得挺意外的。但后来他又解释道："用户就是需求！用户是自然人某一类需求的集合。用户（需求）随着内外部场景的变化而变化。"

读完这篇文章，特别是看到"用户是需求的集合"时，我就觉得它正好击中了很多产品运营者以及产品经理的内心。因为，只有明白你的用户是什么，才能很好地为产品推广制定高效的运营策略。让我们拿"滴滴出行"举个例子。

一般来说，用到"滴滴出行"的场景都是下班回家或马上赶往某地，因为"滴滴"可以预约，能更好地节省用户的时间。显然，这群自然人在特定需求下会用到"滴滴",而这就构成了一群自然人的需求集合,即前面所说的"用户即需求"。

所以,在进行产品推广之前,我们要先弄清楚什么是用户,明确这样一个概念:用户不是普通人,而是需求,是自然人的某一类需求的集合,其会随着内外部场景的变化而变化。

5.1.2 Who——谁是你的用户

搞清"用户是需求的集合"后,你就要了解你的产品解决了用户的什么需求,这群用户会在什么场景下会使用你的产品,以及这群用户的"用户画像"是什么样子的。

关于用户画像,我们也称人物角色,是根据用户社会属性、生活习惯和消费行为等信息而抽象出的一个标签化的用户模型。构建用户画像的核心工作即是给用户贴"标签"。从公司战略、产品本身抑或营销推广来说,描述清楚我们的用户是什么样子都有着重要的意义。而在实际的可行性运营中,没有多少产品会把目标用户设置成所有人,大多数产品都聚焦在某类特定的服务对象,而用户画像就是将目标用户群清晰化的过程。对营销策略、产品质量与服务的提升、渠道投放的优化来说,"用户画像"都非常重要!

那么在进行产品推广前,如何构建用户画像呢?

其实构建用户画像的方法有不少,比如阿兰·库珀的"七步人物角色法",琳恩·尼尔森的"十步人物角色法"等,这些都是优秀且专业的方法,值得我们借鉴和学习。事实上,仔细总结一下,你会发现这些"构建画像法"均可以分为三个步骤:

- 获取和研究用户信息
- 细分用户群
- 建立和丰富用户画像

获取和研究用户信息

获取和研究用户信息可以用定性化研究方法和定量化研究方法。

简单地说，定性化研究方法就是确定事物的性质，是描述性的；定量化研究方法就是确定对象数量特征、数量关系和数量变化，是可量化的。我们可以从图 5-1 中看到，一般而言，定量分析的成本较高、相对更加专业，而定性研究则相对节省成本。因此，创建用户画像的方法并不是固定的，而是需要根据项目的需求、时间和成本而定。

● 定性用户画像
1. 定性访谈　　　　　　优点：快捷方便
2. 用户类型细分　　　　可深入挖掘使用场景和动机
3. 构建用户画像　　　　缺点：缺少数据验证

● 定量用户画像
1. 用户群细分假设　　　优点：有数据佐证，通过统计分析
2. 数据收集+聚类分析　　获得用户特点和比例的精准数据
3. 构建用户画像　　　　缺点：要求高，难以了解用户使用
　　　　　　　　　　　　　　场景，难以挖掘用户情感等

图 5-1　创建画像的方法

下面，我们试着用定量的方法来构建用户画像。

其实，用户指标的选择可以是封闭性的，也可以是开放性的。在封闭的指标中，用户群的类型是固定的，所有用户类型构成了一个整体，比如轻度用户、重度用户；男性用户，女性用户。但是这种划分方式在维度上可能过于单一，无法体现用户群的复杂性，并且不利于指标体系的补充、改进和迭代，因此在研究中，我们更倾向于采用开放性的分类方式，其可根据应用场景的不同变更或拓展指标。开放式的指标体系包括用户数量、行为操作、态度偏好、用户价值等属性，而用户的行为和态度是处在不断变化之中的。

在这里需要注意一点，封闭式指标中的"用户数量"指标是相对稳定的静态数据。那静态属性都包括哪些呢？自然是最基本的用户信息记录，如性别、年龄、学历、角色、收入、地域、婚姻等。我们可以依据不同的产品，给予各

种信息的不同权重。举例来说，如果是社交产品，静态属性中权重较高的是性别、收入等。

而动态属性是指用户在互联网环境下的行为。在信息时代，用户的出行、工作、休假、娱乐等都离不开互联网。所以，网络能很好地记录用户的行为，而这里的"行为"指的就是动态属性下的行为。可见，动态属性能更好地记录用户上网的偏好，比如行为操作、态度偏好、用户价值等属性。

理论上，所有的数据都可以通过问卷调查获得，但问卷的形式有个性化的要求——针对不同年龄段的被调查者，问卷的形式应设计得有所区别。比如，题目数量能少则少：现在的用户都很懒，填问卷通常是很枯燥的体验，因此没人愿意花 5 分钟甚至 10 分钟去填写一份调查问卷，就算提供很丰厚的奖品也无济于事。之前我们做过一个社交产品，用户群集中在"95 后"，问卷里就不能出现深奥且不易懂的问题，其长度也需要控制。

细分用户群

其实在细分用户群的时候，可以按照下列 9 种方法来分：

- 按用户群的耐性程度划分
- 按用户群可接受的反应速度划分
- 按用户群现有知识储备划分
- 按用户对精细程度接纳能力划分
- 按用户群认知游戏难度：分为轻度、中度、重度
- 按用户群时间黏度——从没时间到有时间
- 按用户消费能力划分——从没钱到有钱
- 按用户思维方式划分
- 按用户年龄划分

拿网易云音乐为例。我们做一个有关其用户的调研，然后将用户按年龄和喜爱程度去划分（图 5-2）：

- 学生中的意见领袖：比同龄人先接触新的音乐形式，并会积极地向周围的同学们推荐自己喜欢的音乐。

- 普通学生：刚接触流行音乐的学生。
- 意见领袖：高收入人群，有自己固定喜欢的音乐流派和艺人，总的来说就是音乐是生平最大的爱好。
- 大众用户：喜欢听一些流行音乐，接触渠道主要是排行榜、娱乐综艺节目、周围朋友的传播等。对他们来说，音乐是一种伴随性的消费。
- 行业从业者：不仅是演唱者，也包括词、曲作者，乐评人、电台 DJ 等。对他们而言，音乐是自己的事业。
- 行业精英：占据金字塔最顶端的人，在音乐行业中拥有强大号召力，包括流行偶像、实力唱将、唱片业"大佬"……掌握了传统音乐行业中最好的资源，拥有最大的话语权。

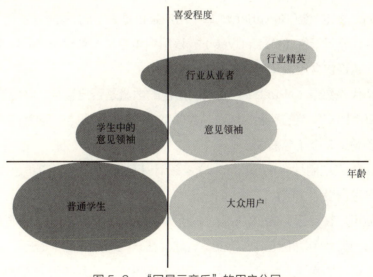

图 5-2　"网易云音乐"的用户分层

通过对用户的初步分层，还无法最终确定其类型。因为用户的类型越少，颗粒度就越粗，每种类型间的特征就不会分明；用户类型越多，颗粒度也就越细，但复杂的类型划分也会给产品定位和运营推广带来负担。因此，细化颗粒度还需要结合产品推广经验来验证。

建立和丰富用户画像

当我们收集完绘制"用户画像"所需的资料和基础数据后,就得对它们进行分析和加工,从中提炼关键要素,构建可视化模型。但是,把数据还原成用户本身,也要遵循某种原则。画像(Persona)的特征意味着,一个令人信服的用户角色要满足七个条件。

- P 代表基本性(Primary research):该用户角色是否基于对真实用户的情景访谈。
- E 代表移情性(Empathy):用户角色中包含的姓名、照片和产品相关描述,该用户角色是否能引起同理心。
- R 代表真实性(Realistic):对那些每天与顾客打交道的人来说,用户是否看起来像真实人物。
- S 代表独特性(Singular):每个用户是否是独特的,彼此很少有相似性。
- O 代表目标性(Objectives):该用户角色是否包含与产品相关的高层次目标,是否包含用以阐述该目标的关键词。
- N 代表数量(Number):用户角色的数量是否足够少,以便设计团队能记住每个用户角色的姓名,以及其中的某个主要用户角色。通常来说,一个产品最多满足 3 个角色需求。
- A 代表应用性(Applicable):设计团队是否能将用户角色视为一种实用工具进行设计决策。

根据用户在目标、行为和观点上的差异,我们可将他们区分为不同的类型,然后从每种类型中抽取出典型特征,例如,在一些对个人基本信息、家庭、工作、生活环境的描述上,赋予名字、照片、场景等,就完成了一个具体的典型用户画像。在后期产品迭代改进的过程中,可以将用户进行优先级排序,着重关注核心、规模大的用户。但是,依靠数据这种偏定量的方式建立的用户画像依然是粗线条的,难以描述典型用户的生活情景、使用场景,难以挖掘用户的情感倾向、行为背后的原因和深层次动机。因此,如果有足够精力和时间,后续可以对每类用户进行深入的访谈,将定量和定性的方法结合起来,由此建立的用户画像会更为精准和生动。

5.1.3 Where——去哪里找到你的用户

不管是对产品团队还是运营团队来说，确立了用户画像都是好事。因为只有这样，才能找到你想要的目标用户。这时你就得想：在哪儿才能找到我的用户呢？这里我给大家提供一个寻找用户的思路：先目标后方法。

对于"从哪儿找用户"这个问题，可能大家都会说：从已有资源入手。我至少认识很多普通用户，但要想找企业关键人，就得靠本事了。我们是创业公司，所以"万事靠自己"，发动力量寻找周边资源吧。比如找第三方合作，发掘产品的共赢模式——我们提供产品，对方引入用户；从推广渠道入手，在媒体上做硬、软广告，增加产品知名度；参加各项活动，在扩展人脉时推荐自己的产品；蹭圈子，让CEO成为最好的推广员，带动圈子中的朋友进来等。

其实，上面这些都是有效方法。但是这样单纯地把各种方法罗列出来，并不是明智的做法——这会让你的"用户画像分析"成为无用功。所以，我们还是要秉承"先目标后方法"：先利用之前做的"用户画像"，了解他们的生活、行为习惯等，然后再根据这些特征罗列方法，这样才能事半功倍，快速找到目标用户。

5.1.4 When——不同阶段的用户运营策略

运营讲究的是节奏感，要循序渐进，不能想着一蹴而就。所以，在不同的阶段，用户运营的方式也是不一样的。简而言之，用户运营得跟着产品运营的阶段确定策略。

我们把产品发展的阶段分为种子期、快速增长期、平稳期。而在着三个阶段中，运营的策略各不相同。

种子期

"种子期"的运营要回到产品本身，因为互联网运营的核心是产品，目的是不断地发掘和维系种子用户，并在最小的用户规模下最大限度地完善产品、进行快速迭代。

首先，在"种子"期运营的时候，用户群的定义要小，一定要聚焦到最小为止，这点特别重要。最小代表什么概念？用户群的特点非常明确，它们对你的产品需求非常强，而且年龄要尽量要小，即使是面向老年人的产品，也要把年龄层落到老年人里偏小的区间上。聚焦、缩小、需求要强、年龄要小——这是对"种子期"用户群的重要要求。

第二个关键点是，在种子期运营的过程中，核心运营指标就是留存率。也就是说，在"种子期"，产品的初始版本上线以后，运营的关键并非获得多少用户，而是通过用户来验证产品是否有效、核心功能是否能满足需求。

快速增长期

随后，产品进入增长期，也就是拥有了"种子"用户和早期用户后。这时开始有大量用户的涌入，产品要通过快速迭代满足其需求。但快速迭代最基本的原则要围绕核心功能展开，而非大量用户涌进来、需求多元化，我们就要做不同的产品满足用户的需求。

在爆发期时，最重要的运营指标是来源量，因为此时主要是看能来多少用户、其数量能否爆发般的发展。所以，来源量是最关键的指标之一。

平稳期

没有一个产品的用户总是在快速增长，总有放缓的时候，此时就说明"平稳期"已经到来。在这一阶段，我们需要着重做好产品架构的稳定性，以及提升产品的使用体验，这是为了维护老用户、发展更多的新用户。

平稳期最核心的运营指标就是活跃度和商业变现。像微信、滴滴、今日头条等大平台，它们已进入了相对稳定的发展阶段，这时用户增长不再是关键指标，相对地，探索更多的商业模式以及保证用户持续活跃则成了重中之重！所以你才会看到，微信逐渐开放了在朋友圈发广告的权限，"滴滴"烧了这么久的钱终于不烧了——因为人家盈利了。

5.1.5　Why——用户为什么要买你的产品

用户为什么要买你的产品而不是别人的？可能你会说：因为我的产品够实

用、简单而且还很优惠,用户肯定会来买!但事实真是这样吗?我相信这样想的人应该已经掉入自我世界之中,而并未从用户需求的角度去思考!下面我就从产品价值、用户需求和运营三个层面来分析一下。

产品价值

这个可能比较好理解,比如下面这些词:简洁、方便、能用、实用、易用、好用、够用……都是好产品所具有的价值,这也是人们愿意使用这些产品的最直接原因。如果一个产品不具备类似的实用性价值,估计也没有用户会去使用了。

用户需求

根据马斯洛需求层次理论,人的需求可分为生理需求、安全需求、社交需求、尊重需求和自我实现需求。如果一个产品满足了马斯洛需求中的任一层次,我相信它就是有用的。比如当年火遍大江南北的网游——《传奇》,在韩国是普通的 2D 游戏,在国内却一炮而红,也成就了盛大公司。究竟是什么原因呢?画面精美?游戏性好?肯定不是。其实,《传奇》挖掘了用户隐藏的需求——在虚拟世界中完成现实中不可能完成的梦想,成就某种人生巅峰。用户不惜花钱升级、打怪,为的是在游戏里出人头地,甚至只是为了拥有一把屠龙刀,或多会一种别人不能学的魔法,这就是虚荣心和满足感作祟。在现实世界,想要满足这个需求极为困难。但在《传奇》里,你只要打怪、升级,不行就花钱买装备就好。其实现在的很多网游、手游又何尝不是如此呢?

运营

中国有句老话"酒香不怕巷子深"。但周鸿祎说过,在互联网产品世界里,千万不要相信这句古话。

那我们该怎么解释这句话呢?

我觉得周鸿祎说得对。因为在当今的互联网世界里,好的产品实在太多,这也是为什么某个产品有着完善的实用功能,却仍不能成为爆品。特别是近几年,移动互联网进入"下半场",面对用户的某一特定需求,满足此需求的产品多达几十甚至上百个。远的就不说了,就拿直播平台举例。我相信很多人都看过上面这张图片（图 5-3），2016 年是直播最为火热的时候，因此就出现了上百个直播平台，而这仅用了不到半年的时间。现在，我们能明显感觉到，这些平台很多都已不存在了——倒的倒，合并的合并。那么，活下来的直播平台仅是靠资本雄厚、技术过硬吗？其实这些都不是决定性因素，真正让它们活下来的运营策略是差异化！

图 5-3　上百个直播 APP

拿"斗鱼"来说。和其他综合平台不同，"斗鱼"在理念上更为清晰，率先提出了"直播+""快乐+"的战略，立足直播本质，在游戏、综艺、旅游、公益、财经、科技、汽车、户外、电商等领域都有不错的探索和内容产出。比如携手"去哪儿"网推出"99嘻游季"活动，联合俞敏洪举办"助力99"网络学习节，直播万科股东大会、凯迪拉克新闻发布会、成都车展等。这种类似"供给侧"改革的思路显然给斗鱼带来了更广阔的跨界合作机会，并开创出了更为多元化的消费领域。

5.1.6　How——如何吸引到你的目标用户

简单来说，我们所说的"目标用户"就是指"知乎"初期的用户（比如雷军、李开复）、"分答"的王思聪、健身软件KEEP的各类"健身达人"，等等。这些用户是你的产品在起步摸索阶段最忠诚的"朋友"，也是你产品能否爆红的关键因素，所以你必须用足够优质的内容留住你的核心用户，那怎样才能将核心用户留下来为你的产品做口碑宣传，又如何才能吸引到其他核心用户来使用你的产品呢？我们拿B2C的产品来做分析。

提出产品的卖点——到底什么样的亮点才是留住用户的关键？

这个"卖点"一定是用户的"痛点需求"而非"痒点需求"。因为，只有在成本足够低的情况下，"痒点需求"才能推动企业使用，但这个前提在企业中本就很难成立——里面可有一大堆人呢。

此外，"卖点"要和现有产品不同，或它解决的问题足够有突破性。比如在战略层面，别人也做企业内部通信，可是带上了企业外联系人；而我们则坚持只做企业内部沟通，保持系统的"纯粹"，那企业会不会买账？再从功能层面来分析，在市场上，大家都能做到标记出消息是已读还是未读，我们也能，这能算差异化吗？如果加上"标记出把群里的消息是已读还是未读，如果有人未读就将该消息一键转发给他"呢？

这个内容对"谁"有吸引力？这个人是否是"引入时需要的用户"？这些关于"谁"的问题我们会在接下来的内容中解释。吸引"引入时需要的用户"

是非常重要的，因为这批需要的用户是你产品迭代、升级的把手，得依靠他们来优化产品。

我们想吸引的用户到底是谁？我们的现有内容对他们有没有足够的吸引力？

首先，不同的企业差异巨大，先选哪类企业就很重要，以本位的思想不合理的划分下，先分为互联网企业和传统企业。互联网企业接受新产品快、容易上手，容易成为种子用户，但竞争激烈、产品可替代性高。传统企业接触信息少、引入难度大，但引入后不易流失。再看传统企业中，有的只是渠道中的一环，有的能起到上、下游带动作用，有的具有"天生封闭性（如政府、学校）"。所以，对于往下如何筛选、先做哪一批又有了学问。如何选择、从哪些用户入手，反映了公司的发展策略与节奏。其次，一定要明确这样一点：ToB（面向商户）产品和ToC（面向用户）产品是完全不一样的，因为ToB产品并不是单一的用户，它可能包括但不限于公司、项目负责人。

在推广产品时，应满足各类人群的需要，才有可能让产品满足老板和决策人的需要，从而真正被"用起来"。再者，企业内的用户是由上至下流动的，因此需要照顾好各用户环节，比如对ToB产品来说，初期用户可能是老板、决策人，所以要满足安全性、成本考量、功能覆盖度等需求。随后，用户的重心会转为真正的使用者，此时就涉及各式各样的功能诉求、易用性诉求、界面美观，等等。

多说一句，核心用户的决策周期本就很长，引入到真正用起来是要给予需要时间的。

如何让关键用户变得更多？

关键用户会带动后续的普通用户加入。企业在选择小公司产品的时候，担心的东西有很多。而有了标杆用户之后，一方面公司有了"信用背书"，另一方面产品的承受力强了，因此带动普通用户作用还是非常明显的。而且，标杆用户的业务需求更复杂，能帮我们更深的理解用户。有了"种子用户"之后，我们可以从此类用户群深挖下去，把肯冒险尝试我们产品的用户，真心、用心、贴心地经营下去。

万事开头难，相信大家总会有第一批用户的。

5.1.7　How much——获取用户的成本多高

"获客成本"（Customer Acquisition Cost）现已成为各大企业不得不关注的指标之一，而现在很多的投资机构在决定是否要投资一家企业时，用户的获取成本是他们最为关注的指标之一。

为什么"获客成本"备受关注？最明显的原因是，现在互联网的"人口红利"已过，互联网用户增长速度放缓，池子里的用户就这么多。所以，若是平台想获得更多用户，就得投入更多的资源去跟别人抢。但关键问题在于，互联网几乎所有的前期流量都被BAT攫取，中小平台能获得的是尾部的流量。因此，创业者们要想将平台做大、获取更多新用户，就必须跨过BAT这道坎，而这意味着你需要花费更多的人力、物力。

毫无疑问，在产品营销初期，想要获得更多的用户，就必须关注到用户的获取成本。我们不妨来算个数。比如，我开了个餐馆，花了300块钱在某搜索引擎买了个位置，带来了60个新用户，3个月后最终稳定留存12人，即3个月的留存率达到了20%。那么，若想把这300元赚回来，就得指望从每个用户身上赚到25元。而用户在我们店点一次餐，平均毛利是5元。因此，每个用户下5单，才能保证我们赚到25元。假设每个用户2周下单一次，那2.5个月就能赚回25元。由于，2.5个月的回本时间小于达到稳定留存率的时间（3个月）且稳定留存的用户一般会不到两周下一次单，所以这个方案是稳妥的，值得做下去。

所以，在你进行用户运营、意欲获得更多用户的时候，就得好好算算这笔账，以确定这样的用户获取方式是否值得你下功夫。

5.2　利用人的八大生命原力建立激励体系

人的任何行为都是有动机的，这就是人最原始的核心驱动力，包括生存、食欲、性欲等原始需求。本节将说说如何利用人性最原始的驱动力来建立用户激励体系。

5.2.1 什么是人的八大生命原力

美国著名营销大师德鲁·埃里克·惠特曼曾总结过人的八大生命原力，与马斯洛理论相似，他以此来说明人都有最原始的欲望。这八大生命原力分别是：

生存、享受生活、延长寿命（生存欲）

每个人来到这个世界上，就是一个"升级打怪"的过程。也就是说，无论出身是贫寒还是富有，首要目标都是活下去。

享受食物（食欲）

在这世界上，让你活下去的根源就是食物，谁又能离开食物呢？

免于恐惧、痛苦和危险（安全感）

马斯洛在他的"层次需求"理论中说到，整个有机体是一个追求安全的机制，人的感受器官、效应器官、智能和其他能量是寻求安全的工具，我们甚至可以把科学和人生观都看成是满足安全需要的一部分。例如，在穷兵黩武的古代，充斥着苛捐杂税、连绵战火，弥漫着对生活的恐惧、身心上的痛苦，那样的生活是你想要的吗？

寻求性伴侣（性欲）

寻求另一半是人们最原始、最本能生理需求。

追求舒适的生活条件

与人攀比（成就感）

攀比的效果有好有坏，但更多的还是让你看到自己的不足，激发你的野心。

照顾和保护自己所爱的人（保护欲）

这是身为人的责任，也是能力的展现。

获得社会认同（归属感）

其实，我们努力学习、工作、生活，无非都是为了一个重要原因——让更多人认可自己！我们都渴望在某一段关系或某一个群体中被接纳，希望被肯定和重视，获得自我身份认同。

作为一个社会人，我们都有这八大生命原力，它们驱使着我们去做各种各样的行为。而互联网发展至今，每个产品诞生的初衷，就是满足上述的某个原动力。以 2016 年在香港上市的"美图"APP 为例，它是一款美颜软件，抓住的就是人们喜欢美丽、喜欢秀的心理，这就是之前所说的"攀比"。

其实，抓住人们攀比心理起来的产品又何止是美图呢？从 QQ 诞生时起，等级、点亮图标、会员、靓号、黄钻等级、空间装饰、认证空间加 V、粉丝数……无不满足了用户的虚荣心。

5.2.2 如何建立社区的用户激励体系

用户做出的任何行为都是有原因的，而这个原因就等于"动机 × 能力 × 诱因"（行为 = 动机 × 能力 × 诱因）。

动机属于上节所说的八大原始动力之一，而其产生的原因是，每个人会根据所处的环境或个人情况而有不同的需求。比如，A 想利用业余时间提升自己，就去某在线教育平台买了一套课程。而追求更好的自己就是 A 的动力之一。但 A 是刚毕业的大学生，手头并不是很宽裕，所以就需要衡量一下自己的购买力。这时，如果平台出现了优惠大促销的活动——原价 199 元的课程，今天只要 99 元就能买到，A 可能就会马上下手购买了。这就是我们所说的诱因。

所以，用户的动机、能力，加之商家设置好的诱因，就能让营销很好地服务于用户，使用户做出所期望的行为。而由于用户所处的环境、个人情况等的不同，使得动机是很难预测的；对于能力，我们对平台进行某些特殊设置来满足；诱因则是平台做出的、对用户有积极效果的行为。所以说，能力和诱因是商家可控的因素。

接下来，我们就可以根据这些因素来制定社区的用户激励体系了。比如，现在你负责架设一款问答知识型社区，那你首先要制定一套较为完整的用户激励体系。

第一步　定义这个社区的目标

对一个问答社区来说，最重要的无非是问题和答案，而其本质就是内容。那么，架设一个内容社区，首先要做的是提高社区的PV、UV、MAU、DAU等核心指标。所以，第一步就是定义社区的业务指标，也就是建立这套用户激励体系的目的，包括：

- 提高产品的注册率
- 提高页面访问量
- 提高产品的分享数
- 提高用户活跃量（包括提问、回答）

第二步　定义这个社区的用户类型

想要建立一个健康可循环的社区，要靠用户的积极行为。因此，你要明确用户的喜好，以及他们所属的年龄区间。这就是我们所说的"用户画像"，它决定了用户将为产品带来怎样的价值、明确了不同的用户角色。有了它，你在构建用户激励体系的时候就可以有的放矢。

在对用户进行分层之后，就要分析哪些是你的核心用户，而他们就是产出内容以及维护社区良好氛围的人。同时，你还要明确哪些人会蓄意破坏社区机制，甚至做出违反法律的事情。只有分析过这些，你才能根据不同类型的驱动力将之细分，从而为其定制各色体验。

第三步　分阶段定义用户的期望行为

用户熟悉每个产品都是有过程的，这一过程可以分为四个阶段：发现、熟悉、习惯、贡献。在不同的阶段中，我们使用的激励行为都不一样，因此需要分阶段去定义及使用不同的激励方式。

就以"知乎"为例。我之所以去逛知乎，是听一个朋友介绍说里面的内容不错，专业性都很强，值得一看。这是发现阶段。

然后我注册成为"知乎"用户。在登录时，"知乎"让我绑定手机、完善个人资料、进行学历认证等，这样做的目的使用户对平台产生黏性。因为你在上面共享的资料越多，说明你对它越信任，同时离开的成本也越高。然后我开始浏览问题，看名人大咖的专业性回答，并评论、点赞，与各色"知友"互动，并把好的内容分享出去。这就是熟悉并习惯的过程。后来，我看到周围很多朋友开始使用"知乎"，也看到了很多"知乎"大咖经常作答。现在，这些精彩回答可以产生经济效益，进而满足这些大咖的虚荣心——无疑，这是渴望得到尊重的表现。于是我也不甘示弱，开始回答一些自己喜欢且有个人见解的话题。这就是贡献阶段。而在这一阶段，我们能体会到，知乎的激励体系包含勋章、等级、物质奖励、用户行为约束等。

第四步　根据用户不同阶段的行为以及八大原动力构建激励体系

问答社区主要围绕着虚荣心，也就是攀比心理去构建用户激励体系。于是我们可以在用户激励机制里加入等级制度、勋章、签到、粉丝数、点赞数、排行榜等元素，并对每项进行说明，促使用户积极探索并通过实践获得。比如简书的"签约作者"、知乎的"优秀答主"之类的头衔明明不好获得，可社区里总有那么多人趋之如鹜，其中一个原因就是：这些荣誉背后暗含着挑战，人们都喜欢不容易得到的东西，而这促使大家产生了通过奋斗获得其的动力。

但是，如果你只是单纯地加上了"勋章"功能，刚开始用户可能会产生好奇，但很快就会发现这只是普通的勋章，毫无意义，那么"勋章"功能终将失去作用。其实勋章、等级这些东西本身并没有任何意义，但它们代表的是人们历经千辛万苦、突破重重挑战后的成就感！就像军队里的勋章为何让士兵们趋之若鹜，视若珍宝。因为那代表着自己为祖国做出的贡献，这激发了他们的荣誉感和成就感。所以说，简简单单的勋章，其实就足以触及核心动机——关键在于，其背后一定要有"挑战"！

每个产品的属性不同，隐含的激励逻辑也不一样，但再怎么不一样，也离不开人的八大原动力。只要将用户的原动力和平台的诱因机制完美结合，定能初步构建一个让用户"欲罢不能"的社区。

5.3 用户运营的"骨灰级"玩法

在现有的互联网的产品当中,发展得好的有很多,比如"知乎""哔哩哔哩""网易云音乐"等,因为他们在用户运营方面做得比其他产品好很多。因此,里面有很多可借鉴的地方。所以本节我们就来讲讲,上述产品是如何把握用户运营的节奏,以及一步步把普通用户变成忠实用户的。

5.3.1 知乎

我们先来说说"知乎"。"知乎"刚在 2017 年完成了 D 轮融资,估值超过 10 亿美金,正式踏入了"独角兽"行列。但在刚成立那会儿,"知乎"发展得艰难而缓慢,但正是因为"慢",才成就了今天的"知乎"。

5.3.1.1 知乎是如何做产品冷启动的

我们都知道,产品运营者最头痛的事就是挖掘"种子用户",如果邀请到好的"种子用户",并把他们运营好,将会为社区打下坚实的基础。在这一点上,众所周知,知乎的"冷启动"一直被当作行业的典范。

一开始,"知乎"的创始人周源和他的团队是挨个发邮件去邀请好友进来,当时共邀请到约 200 位用户。但这些用户可不是普通用户,而是各个领域内有影响力的专业人士,且几乎全部来自 IT 创业圈,其中有不少媒体人或行业评论员。随后,这个小圈子开始"互问互答",但外界很难拿到邀请码。可见,"知乎"在刚开始几乎是全封闭的。

再后来,"知乎"逐渐开始开放注册,社区里出现了诸如雷军、李开复等 IT 界的名人。他们因为"知乎"的纯洁性,首选这里作为发声平台,贡献了各种高质量的回答。因此,在创建的头两年,"知乎"一直用邀请注册的方式维护社区专业性,由此培养出了第一批种子用户。

直到 2013 年 3 月,知乎才向公众开放注册。自此,不到一年时间,"知乎"

的注册用户迅速由40万攀升至400万。我们可以算算,从2010年1月开始运营,到2013年3月对大众开放注册,整整3年时间,"知乎"都是对内运营测试,邀请名人大咖进入。这使它从一开始就备受网民以及媒体的关注。其实在内部测试期间,"知乎"就已经是在培养社区氛围——极其专业且干净,而这是用户无法拒绝的。

就像周源所说的那样:社区让用户留下来的第一原则,就是其所传递的价值观跟用户的价值观有相似的地方。"知乎"从一开始就强调专业性与纯净性,而在当时,这样的社区几乎没有。人们在遇到问题时,大多会去百度搜索,或是在"百度知道"查询。但我们都知道,"百度知道"的社区运营机制与知乎截然不同。在"百度知道"里,一个用户提出问题,系统会邀请其他用户来回答,有了不同答案之后,提问者可以根据喜好采纳其中之一作为最佳答案。由此,"最佳答案"就会成为这个问题的唯一回答,其他答案则会被折叠。而"知乎"则将答案的选择交给所有用户,用户的"赞成"数才是关键。此外,早期"知乎"的答案多由名人专家贡献,其专业性是其他社区无法比拟的。最后,用户更加倾向于"知乎",是因为他提倡"还一个纯净无广告的环境给用户",这是相对于百度等平台来说的。相比"百度知道","知乎"前期的页面上是没有广告的。

5.3.1.2 在知乎的前期用户冷启动的实践中借鉴宝贵的经验

在一次访谈中,周源这样说:"知乎"上线后的第一个问题就是自己提的,也是自己回答的。创始团队成员必须是产品的活跃使用者。"知乎"的首批用户基本上是创始人团队通过邮件邀请过来的,而我们都知道,"知乎"上的很多高票回答者、回答问题数量多者或优秀答主都是"知乎"团队成员。可见,创始团队成员对"知乎"这个平台无比热爱,如果连你都不积极使用自己的产品,又如何让你的用户来使用呢?

运营必须跟着节奏走,即使速度很慢。我看过很多社区的产品运营者都会急于给自己的产品添加新功能,想明天就能拉新10万用户。有句话叫"心急吃不了热豆腐",产品运营得讲究节奏感,慢工出细活,而"知乎"就是最好的证明：2010 年上线，却到 2013 年才全面开放注册。要知道，绝大多数产品都无法做到这点，因为这一过程中会产生各种各样的运营成本，更何况未来还是未知。但是知乎做到了，正因如此，也才有了今天的"知乎"。因此，我们在运营社区的时候，还是得抱着"慢工出细活"的心态，保持自己的运营节奏。

需要质的传播，而不是量的传播。真正使用过产品的人才有传播的质量，这可以使你的产品产生更广的传播效应。我记得之前有个朋友这样问我，在产品前期的时候，用户的质量重要还是用户的数量重要。经过我们这么多产品的经验教训，我觉得一个产品在前期的时候，即使被你拉来了 1 万个用户，但由于你的产品很多功能没有完善或者有很多运行误差，这 1 万个粉丝最后也会一一离你而去。

粉丝的质量高，代表产品还是 MVP 状态时，还有很多用户愿意跟你一起把这个产品做得更好。而知乎前期的第一批优质用户，不但为知乎沉淀了好的内容，更把知乎这个产品口碑传播给更多的普通用户。

5.3.1.3　知乎的用户激励体系与产品设计

其实，一打开"知乎"的首页，你就能体会到，不管是从运营还是从产品设计角度看，到处都体现着对用户的激励，其主要表现为内在形式的精神激励，主要包括互动、展现与特权。

互动

从产品机制来看，知乎以问题为聚集单元，以人为流量单元，这就保证了用户的高质量答案会被关心该问题的人发现和赞同，这带来了流量的二次传播，让好答案更容易被发现。在这一过程中，用户之间就产生了互动，这种互动会使用户选择留下或持续贡献。

对"知乎"社区来说，其产品设计机制主要通过机器算法或者人工推荐的方式实现。比如，我们在首页 feed（按照你关注的关键词投送的内容）信息流看到的很多内容都是你平常关注的，这是因为机器算法会根据你浏览过的内容做出推荐。假设我今天关注了"产品运营"这个话题，只要有人回答或收藏了这个问题，我的信息流里面就会出现相关内容；我连续 10 天都关注了互联网的内容，那么在第 11 天时，我首页的第一条内容就会与之相关；我连续回答了好几条互联网相关问题，那么，再有人提出类似的问题时，我就会出现在对方的邀请单里。这都是机器算法所创造的互动。

展现

把优质的内容放在高流量的位置展示，以让更多用户看到，是对用户的肯定及鼓励。比如，"知乎"上的优质答案都有可能出现在 push、今日热门、"知乎"日报、"知乎"周刊、"知乎"精选、"知乎"官方微博推荐之中，甚至会被收入"知乎"丛书中，从而让用户的努力获得应有的曝光度与认可。而在这一过程中，"知乎"不会因为你的粉丝过少，而不让人看不到你的优质答案。这就把"粉丝数"的作用弱化了，从而创造一个相对公平的社区环境。以下图（图 5-4）为例，这些都是某一话题的优秀或活跃回答者，但他们有些是优秀答主，有些则不是。

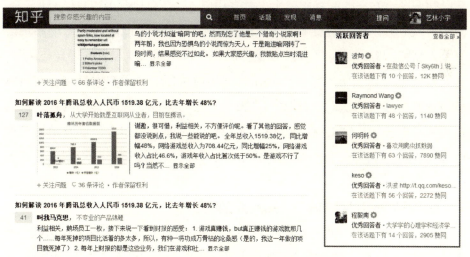

图 5-4　"知乎"话题榜的优秀回答者

特权

至于特权，在体现在优秀的回答者上。比如，一个用户在某个权重大的话题下，连续提供了优质答案，将会被算法判定为"优秀答主"，从而在昵称后加上"优秀答主"的标识，以彰显他所具有的特权。而这个特权主要是：强化全体用户的认知，激发用户对其的向往之情。

对"优秀答主"的特权，"知乎"官方是这样解释的："优秀答主"具有的特权就是，如果两位用户同时回答了某个问题，那"优秀答主"的答案将会排在前面，以被更多用户看到；而普通用户被"优秀答主"点赞后，其答案的权重也会立刻上升。这就是知乎赋予用户的特权。

5.3.1.4 "知乎"的用户运营方法论

"知乎"一切围绕用户转，可以说，"知乎"的运营是以人为中心。所以，经过这些年的摸索，"知乎"形成了一套经过实践考验的用户方法论，我觉得可以被很多内容社区借鉴。

知乎的"冷启动"已经成为行业典范

在帮助用户建立个人品牌、促进用户成长上，"知乎"算是做得不错的。在以知识图谱为主的网络服务上，百度知道、维基百科等虽也是问答形式，但用户找到知识转身就走掉了。相比之下，"知乎"能更好地帮助用户建立个人品牌，增加其受关注度，让他们的每个答案都获得应有的曝光与认可，从而极大地提高了用户黏性。而在这一传播过程中，用户本身是否有足够多粉丝则是被相对弱化。比如，"知乎"上的某些优秀答案和内容，都会在"知乎"日报、"知乎"周刊、"知乎"精选、"知乎"官方微博获得推荐，因此我们可以在朋友圈、豆瓣等其他一些大流量渠道看到这些优质内容。

积极维护社区的"纯净"，加大监管力度

对于 UGC 平台来说，监管机制是最难拿捏的——如果太松，社区则会陷入垃圾成山、广告泛滥的窘境；如果太严，用户则会因受不了严苛的机制选择逃离。

自 2013 年"知乎"对外开放注册以来，在平衡"大"和"专"上下了不少功夫，也受到了一些质疑。为了避免内容质量大打折扣，削弱"劣币"影响，"知乎"也在不断改进。如在产品形态上，提供匿名、举报、反对、没有帮助、折叠、禁言、封号等一系列管理功能，加大用户的监管力度，率先去除了某些低俗的话题；其次，在表达细节上设定了一些规范，如语言表述、符号、格式等；用户可以通过私信、举报不良回答等方式向运营团队反馈，从无形到有形，让机制一步步完善。而从运营上讲，"知乎"会引导用户往有利的方向发展。比如设立"受限制话题"；一些"劣质"话题不会进入"知乎"发现、每周精选、"知乎"阅读等公共内容列表。

用户与其说是其他人，倒不如说是建设者

现在还有很多知乎大 V 与"知乎"官方保持着密切联系，他们会定期受邀参加一些重要活动。比如，为挖掘新的优质用户，"知乎"官方会让更多新人的优质答案有曝光机会；主动与优质用户交流，了解用户的专业和背景，与其交流专业知识，邀请其回答相关问题，甚至与他们成为好朋友。

就像很多品牌一样，"知乎"也在无形中构建了自己的品牌。除了自创的"知乎"周刊等，"知乎"官方也会用一些富有"人情味"的语言与用户互动，如"我的知乎201×""知乎吉祥物的产生与票选""知乎世界杯竞猜大赛""知乎参观日"，当然还有一年一度的"知乎盐 Club"，这些活动都能更好地拉近用户与"知乎"的距离，让用户感觉到自己是"知乎"的一分子，在为"知乎"变得更好而不断努力。

5.3.2　B 站是如何做用户运营的

"哔哩哔哩"弹幕视频网（后简称"B 站"）最新公开的用户数据报告显示，其日活跃用户超过 2200 万，UGC 内容投稿超过 800 万，而用户的平均使用时间超过 71 分钟，现在 B 站已成为了中国最大的动漫爱好者社区。不仅如此，甚至很多的流行事件都起源于 B 站，比如成龙的"我的洗发液"，2015 年的 2 月 20 日上传自网站，2 月 28 日点击量达到高峰；雷总的"Are you ok？"则有 500 多万的播放量、10 万多条弹幕；还有《太子妃升职记》，在发布之后，诸多用户不断根据其创作新的剧情，使其整体播放量超过了 5000 万次，也迅速火遍全网。

那么，这样一个由一群 90 后、00 后组成的二次元文化群体的社区，为什么会有如此大的魅力？B 站官方又是如何去运营这样一群年轻的垂直群体的呢？

本节将通过三个问题分析 B 站：

- B 站为什么受到那么多 90 后、00 后的喜爱
- B 站是如何实现冷启动的
- B 站的 KOL（UP 主）运营方式

但在讨论如上问题之前，我们先来看一个词：二次元。

5.3.2.1 二次元的用户的特征

"二次元"也就是二维，跟"三次元"所指的三维真实世界对应，后来泛指动画、漫画、游戏及小说作品，也就是逐渐被市场熟悉的日系 ACGN 文化。此种文化进入中国后，由于比较符合年轻人的审美，所以迅速发展出数量巨大的二次元爱好者群体。

根据艾瑞咨询对二次元群体的调研，关于"为何喜欢 ACGN 文化"这个问题，63% 的用户是因为只有在二次元世界里才能找到共鸣、治愈和爱；41% 的用户觉得二次元的圈子可以让他感到温暖和存在感。

就像 B 站董事长睿总说的：B 站并非是创造内容的团体，而是为创造内容的人提供服务和平台。在生产者和用户之间建立链接，让喜爱个性化、多元化文化的人，把 B 站当成他们的乐园。

5.3.2.2 B 站为什么受到那么多 90 后、00 后的喜爱

"外行看热闹，内行看门道"，很多外行人至今可能还没搞清楚，这样一个"乱糟糟"的视频网站，怎么就会受到如此多年轻人的喜爱呢？

当我们在 B 站浏览了一遍之后，或许你会说："它跟很多视频网站不同——完全没有广告！不管是贴片广告还是中插广告都没有，很干净！"而有的人可能会说："不仅是没有广告，而且他家的弹幕也不会卡。一个有着上万条弹幕的视频一点都不卡，很流畅。而且弹幕质量也很高，有科普类、预警系列、吐

槽类、字幕类等。"或者还会有人说:"我就是来看看××(B站的UP主,专门生产内容)有没更新的。"

综上所述,就是这么多年轻人喜爱B站的原因!但这只是表面原因,可能真的只适合外行人来看热闹,但内行可能就不这样认为。

5.3.2.3 B站是如何实现"冷启动"的

这么热闹的一个二次元社区,当初到底是如何运作起来,又如何扎到第一批种子用户的呢?

在选择目标用户群体上,B站开了先河:它没有采用传统的开放注册或邀请注册机制,反而是对想要注册的用户进行"考试",内容则是二次元知识,只有成绩合格的用户才能成为注册用户(图5-5)。"考试"时间为60分钟,总共100题,60分及格,题目内容包括弹幕礼仪以及动画、漫画、游戏的基础知识。这个方法让B站的用户质量更高,因为只有真的了解二次元文化的用户才能注册成功,对降低流失用户数及提高用户黏性有着显著效果。

图5-5 通过B站考试

这种"筛选用户"的做法，跟 B 站的文化价值是一脉相承的：B 站是一个基于兴趣的社区，社区的氛围跟用户的特点息息相关，如果用户在这里找不到一个有相同兴趣的人，或是与其他用户产生不了共鸣的话，就失去了待在这里的意义。

5.3.2.4　B 站的 KOL（UP 主）运营方式

其实在徐逸跟他的小伙伴们建立起 B 站时期，就开始不断对其进行完善。比如，实现了完全即时的弹幕聊天；给 UP 主们提供了一个简易的投稿入口；在生态建设上，建立了 UP 主弹幕管理系统、排行榜、投稿限制、黑名单等。因为徐逸知道，UP 主就是这个网站的生命，没有内容来源，就没有持续的用户来源——用户来你的网站，就是为了看到更多多元化的内容。因此，在从 A 站得到第一批高质量的 UP 主后，徐逸他们就不断制定规则来保护 UP 主，让 UP 主在这个圈子有更多的权益，从而激励他们不断生产内容。

而在刺激 UP 主产出内容上，B 站的操作也是值得借鉴的。为了能够更好地将这群二次元的目标用户集聚在一起，不断地刺激 UP 主产生更多的优质内容，以及与粉丝产生互动，B 站每一年都会举办"拜年祭"活动。

2010 年，在 B 站刚改名的时候，就组织了当时比较知名的 UP 主（大概有四十多位）制作了一个拜年视频。这个活动让 B 站获得了一些知名度，并且让更多的 ACGN 爱好者聚拢了过来。由于收到了很好的效果，B 站当即决定，从 2010 起，每逢除夕夜便举办二次元领域的"春晚"——"拜年祭"。自"拜年祭"开办以来，B 站积极与众多站内 UP 主合作，使其成为除夕夜必不可少的重要活动。后来，它被广大用户亲切地称为"年轻人自己的'春晚'"。除此之外，B 站每年都会举办与第三方品牌合作的活动，针对热点话题、时间开展活动运营，使用户数量持续增加，比如夏夜"鬼畜"大赏、MAD 大赛、Dancing Festival、萌节、学园嘉年华、动画角色人气大赏，等等。

B 站举办的这些线上、线下活动，一方面促使 UP 主生产了更多优质内容，另一方面也给了用户与 UP 主互动的机会。

5.3.3 网易云音乐是如何做用户运营的

"网易云音乐"于 2013 年 4 月正式上线,到了 2016 年 7 月,其总用户数达到 2 亿。过去的三年里,"网易云音乐"通过"音乐 + 社交"这条差异化道路,在"音乐"这个"红海市场"占得一席之地。而我们现在讲"网易云音乐"的运营,多是从个性化推荐,"去中心化"音乐、产品设计、UI 界面等方面来分析。无可否认,这些都是"网易云音乐"成功的因素。

本节就从用户的角度去解析"网易云音乐"为何能异军突起。

5.3.3.1 网易云音乐的"用户聚焦"战略

让我们回到 2013 年,移动互联网音乐 APP 的第一阵营有酷狗、QQ 音乐和酷我音乐,第二阵营则包括百度音乐、天天动听、虾米音乐、豆瓣 FM 等(图 5-6)。当时,不论是大型的互联网巨头,还是其他创业者,就算想进入这片"红海",但看到这样的格局,基本上都会"敬而远之"。

图 5-6 2013 年音乐 APP 的市场状况

但"网易云音乐"的团队在进行了市场分析后,觉得当时的音乐 APP 都是曲库型的产品,保留了 PC 时代搜索的习惯,和移动端并不匹配:主动搜索不能满足用户"懒"的需求,排行榜等推荐也不够个性化。于是,"网易云音乐"就从这两个痛点切入市场。

做归做,但得有策略。既然知道了市场需求点,那第一步得做什么呢?在创业时,每个人都想知道自己的用户在哪里。所以,你要先寻找目标用户。而通过调研分析,"网易云音乐"团队认为,应该先分析竞品 APP,然后再寻找目标用户。当时热门的同类 APP 也有着各自的目标用户群：比如 QQ 音乐的用户年龄偏低，因为很多人第一次上网时，最先接触的就是 QQ；酷狗音乐发展最迅猛的时候，是互联网发展初期的 PC 时代，它借势积累了很多用户；虾米和豆瓣的用户群是最为接近的，主要是针对年龄稍大、音乐欣赏水平比较高的用户，也就是我们所说的"资深乐迷"；多米音乐是随移动端出现的产品，它的用户群年龄比较低，总体音乐欣赏水平比 QQ 和酷狗高，但比豆瓣和虾米略低，所以它覆盖的刚好是空白段的用户群。而"网易云音乐"选定的目标人群和多米音乐比较重合——音乐欣赏水平较高，但年龄较小的用户。

有了目标人群之后，接下来就得根据其喜好，在产品设计、机制、功能上进行挖掘和改进。比如，对"标签和歌单到底该用哪个作为核心功能"这个问题，这个可以根据目标用户的定位来做选择。众所周知，标签有标签的好处，歌单也有歌单的好处，而在分析时应先考虑核心用户。标签会方便用户发现音乐，在这点上甚至比歌单更好——一首歌可以被打上多个标签，且多首歌可以共用一个标签，这样就形成了 N×N 的网状结构。但相对列表而言，它的网状结构更为复杂，发散也会更高。同时，它缺乏创造性：给一首歌打上标签并不是很有创造性的行为，他的作用只是把不同的歌聚集起来。而相对标签来说，歌单能提供极为丰富的创造性：它是用户独立创造出来的，选什么歌、怎么编排，都是用户所决定的，这就赋予了其诸多个人价值。

综上所述，"网易云音乐"团队在经过市场调研后，发现市场有创新切入点，随后就立即进行用户切片，进行目标用户定位。确定目标用户后，再着手进行产品设计及功能选择。由于市面上有诸多同类产品，这样就有了对照标准，在设计过程中就不会受团队的主观意愿的影响。

5.3.3.2 评论区的用户激励机制

网易公司的很多产品都自带"社交"属性，比如网易新闻。而"网易"上的回帖更是人们讨论最多的话题。"无跟帖，不新闻"，这一口号简单直接地概括互联网时代的新闻特色。而网易云音乐的评论跟帖机制，好像也继承了网易的基因。

一开始也有人问:"网易运营为什么不做音乐评分机制呢?"

评分功能的好处主要有两点:方便用户进行标记;方便用户发现高质量的音乐。但不好的地方就是,容易出现刷分现象,进而导致用户群的非理性行为,甚至造成用户的大面积流失。除此之外,有时可能会因用户太主观而导致一首好歌被埋没;用户常因没有标准,不知道该给作品打几分(比如豆瓣电影评分)。而发展到现在,"网易云音乐"用事实告诉我们:"摒弃评分机制,保留评论机制"的做法是正确的。

那网易云音乐的评论区是如何激励用户不断地产出内容呢?

社区中的情感机制

其实,"网易云音乐"的评论区就是个社区,在这个社区中,人人都可以发言,只要你的评论够精彩,就可以被选入"热门评论"而被更多人看到。

在谈到设计"评论区"这个功能时,"网易云音乐"的产品负责人王诗沐这样说道:"音乐和情感间有着非常强的连接,用户在听音乐时,往往会表达自己情感上的诉求,这些诉求就会唤起一些共鸣。如果某个用户把这些共鸣写出来,其他有相似经历或感触的用户就会产生很强的情感反映,于是就会去点赞和传播。"音乐的评论跟新闻资讯的评论不同:新闻资讯讲究的是时效性;而一首歌,即使是十年前的歌,现在依然有人听,因此它最强的影响是唤醒共鸣,不同的人在不同的时间听这首歌,却有相同的感受和情感,这无疑是很神奇的事。

优秀评论置顶机制

吸引用户关注之后,如果没有优秀的内容,那么这一良性循环就会断裂,也就没有后续的口碑传播了。而对于"网易云音乐"的评论置顶机制,可以拿下面这条评论作为例子,从评论者和观看者两个角度进行分析(图5-7)。

● 评论者的角度

其实可以明显看到图5-7的点赞数非常高。"点赞"功能的加入,符合互联网用户"渴望获得认同"的心理。在置顶算法中点赞数的多少占有很大的权重。点赞数多的评论可能被推到精彩评论区,后来听歌的人第一眼就能看到，同时也能最快地吸引听歌者看评论区。此外，这一机制也会给评论者带来惊喜，就像在"简书"被打赏，对用户来说无疑是个惊喜。

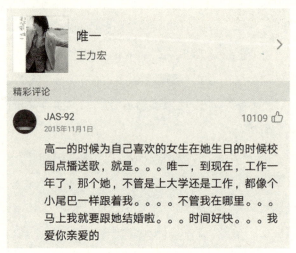

图 5-7　网易云音乐的评论区

- 观看者的角度

这样做可以增加用户的参与感。评论区中的举报、点赞、分享和回复都是用户参与度的体现，而前两个功能可作为评论是否置顶的参考指标。除此之外，还有一个时间指标，主要是防止水军刷评论用的。优质评论置顶的机制，符合碎片化阅读的发展趋势。

低门槛的评论机制

之前我们说到，网易的评论区就像是一个轻社区。而每个社区都有每个社区的运营机制，用户必须遵守规则才能玩下去。比如"知乎"就提供了匿名、举报、反对、没有帮助、折叠、禁言、封号等一系列管理功能，加大对用户的监管力度；"简书"则不允许用户在文末加入第三方平台的营销推广信息。虽说规则越多，营销号或垃圾信息就越少。但这在一定程度上也降低了用户发帖的积极性——这个不能发，那个也不能发，干脆不发了！

相对其他社区来说，"网易云音乐"的评论区在管理上显得较为松动。除了一些极为敏感和受举报较多的评论会被删除外，运营人员是很少干预的。"无为而治"恰好是社区运营的最高境界：在较为宽松的管理机制下，大家的积极性一下就上来了，参与的人多了，好内容自然就会大量出现。

在分析完知乎、B站、网易云音乐的用户运营策略之后，我们会发现三者间有个共同点，就是"以用户为中心"。用户才是社区的主人，只有充分考虑用户的特点，才能够抓住用户的心，加上精心安排的"诱因"（包括物质和精神激励）以及产品设计机制，才能完美地让社区"跑起来"。

第6章
后产品时代的活动运营之道

活动不分大小,只分有无创意。阿里巴巴的"双十一"为什么能持续让用户参与进来,又为何能将销售额一年比一年高?在这些活动背后,隐藏着许许多多的人性心理。在本章中,我们就为您一一揭露。

6.1 从0到1构建活动运营体系

在策划一个活动时，我们往往要写一份策划方案——先要有个框架，再不断地往里面填内容，最后将其补充完善。那么，一份完整的活动策划方案都包括了哪些要素，又需要注意些什么？本节就来说说活动策划方案的"十要素"。

6.1.1 要素一：活动背景

俗话说，知己知彼，百战不殆。在你打算落地一场活动的时候，事先就要了解如下信息：你的产品在市场中是怎样的；你的竞品都做了哪些活动；你的活动应突出哪些亮点，才可能超过竞品的活动。

很多产品运营者是为了做活动而做活动，这样往往是被动的。比如，你的上司可能会下达这样的任务：把你产品的PV/UV拉升至多少，销售额提升多少倍，等等。所以，在这种情况下，你的工作往往是比较盲目的，只是为了做而做，效果也可想而知。

而一个活动的背景都包括什么呢？主要有市场分析、行业背景和活动引言等。

6.1.2 要素二：活动目的

通常，刚接到任务的时候，大家往往只想着怎么去完成，却忽略问为什么。大家可能觉得没有必要，其实不然。多问为什么能够帮助你思考如何做好活动。比如，现在你要做一个活动任务，目的是为某种商品做促销。当你了解到促销的主要目的是为了提升用户活跃量时，那你会让活动向活跃的老用户靠拢，那效果无疑会更好。

做活动无非是想在短期内快速提升运营指标，其目的可简单概括为：

- 吸引新的潜在用户；
- 使固有用户活跃；
- 提高产品销量和转化率；
- 塑造或提升品牌形象。

如果我们把活动比作一辆汽车，那活动目的无疑是方向盘。活动运营者只有明确了活动目的，才不会让后续步骤偏离初衷。

6.1.3　要素三：活动时间

活动的时间安排也非常讲究。传统的活动一般都会在店庆或重要节日举办，而互联网的普及，则给了活动时间更多选择：大到大型节假日，小到某个热点事件，只要你想得到，就可以不局限于店庆、节假日、换季等时期。如果选择借某个热点做活动，素材也必须与热点事件吻合，这样才能达到事半功倍的效果。

除了选择好的时间外，我们还应避开某些时间，比如阿里巴巴的"双十一"！所以，我们应尽量避开这些势头太过于凶猛、甚至已成为全民节日的日子，否则做了也是浪费钱。类似的日子还有"618""双十二"等。不同的节、假日都有其独特的标签，我们可以从中挑选出和活动主题相关的元素作为活动重点，如春节的关键词是红包、相亲、送礼、春运；中秋节的关键词是团圆；五一劳动节是购物、旅游等；情人节则是浪漫、玫瑰花、结婚等。

6.1.4　要素四：活动主题

所谓活动主题，说白了就是"活动噱头"。因此，活动主题一定要足够吸引人。主题的确定是为后期活动宣传提供具体且强有力的着力点，用户也能在第一时间通过活动对要宣传的产品建立初步印象！

比如从2017年9月份开始火起来的共享单车。当时，摩拜和ofo打起了活动运营的战役，由于大家都进入了高速发展阶段，这时抢占市场份额是最重要的，而抢占市场份额最重要的手段就是活动运营——通过举办活动，让更多的用户下载并使用 APP。所以，我们经常会收到 ofo 和摩拜的短信：周末免费骑、充 200 送 100 等。图 6-1 为 ofo 助力两会而策划的免费骑活动。这些活动的主题都简单明了，而且还抓住了用户的"七宗罪"之一——贪便宜，击中了他们最原始的需求，所以才能达到很好的宣传效果。

图 6-1　ofo 助力两会宣传海报

6.1.5　要素五：活动具体内容

活动的具体内容主要包括形式、奖品设置、奖项评选、注意事项。具体来说就是：这个活动的形式是怎样的，用户又如何参与。

- 活动形式

即你的活动会以怎样的方式呈现给用户。而活动的参与形式主要有点赞、投票、分享、注册、讲故事、发照片、发视频，等等。而所有参与形式都要遵循 3 个原则：

规则易懂

我们都知道，用户的时间是宝贵的，我们做的一切运营无非就是用户的时间，想让他们把时间都"浪费"在我们创造的美好事物上，而对一个活动来说，用户从看到掌握，最好不要超过 1 分钟。如果他思考了 1 分钟以上还不知道如何做，这个活动基本已经失败了。

活动设置简单

我们在策划活动时，稍不注意就会顺着自己的惯性去思考。你作为一个产品的了解者和一个新接触产品的人，对产品的角度是不一样的，所以应站在新用户角度考虑问题。

有创意、能抓住用户心理

有创意的活动也是有模板的，多看、多听，再结合自己产品的特点，让用户有意外感，那么活动就成功了。

- 奖品设置

奖品虽然有很多选项，但总体上分为免费的和非免费的——有些奖品不用花一分钱就可以拿到，有些则能帮你省钱。所以，我建议还是设置奖品时还是采用"免费 + 非免费"模式，也就是要有点硬货才行。

- 奖项评选

奖项评选关系着活动的参与门槛：如果奖项评选的规则太多、太高，会打击一部分用户的积极性；如果太低，又会使活动失去可玩性。比如，我去给朋友投票，还得先关注、注册、输入验证码，然后才能投票。我想大部分人都会厌烦这样一个流程。所以我们在做奖项评选规则时，得拿捏好尺度。

- 注意事项

活动规则是策划活动时需要明确和注意的地方，核心内容是：在什么时间，按照什么方式做什么样的事，能获得什么（针对用户画像给他们想要的精神或物质刺激）。其次，要让用户感受到活动规则是公平、公正、公开的。如每天一个 IP 只能投票一次，如果查出刷票行为则取消其获奖资格。同时，规则一定要明确，不能一味寻求公正而让用户难以理解。

在奖项名额设置上，应该在分析活动的特殊性后，有的放矢地进行设置，比如参与奖、组织奖等。由于有些人得不到奖项会有些失落，为了增加积极性，安慰奖必不可少。

此外，还要对其他一些特殊场景进行说明，如退款、退货、退单；参与者身份是否有效；是否存在对象、地区、次数等其他限制；如果用户是消耗积分、点数等参与活动，活动结束如未获福利，相应的分点是否返还；如果发放的奖品存在质量问题，由谁负责；奖品是否允许退货或折现；如果其他渠道、其他平台对活动有不同解释，应以哪家为准。所以，建议在活动细则的最后加上：活动未尽事宜受××平台通知的约束。

6.1.6　要素六：推广渠道

其实关于推广渠道，在活动开始前就得有个计划了。我们一般把宣传渠道分为站内和站外。站内渠道主要是产品的宣传位，包括 APP 开屏图，页面上的横幅、弹窗和浮层，以及推送；站外渠道主要包括跟一些媒体的渠道合作、投放付费媒体位置，还有联合一些名人大咖等。

6.1.7　要素七：活动执行安排

活动执行安排主要包括以下四个方面。

人员组织

活动离不开组织，合理安排人员，是活动成功的关键。

资源协调

资源调配也很重要。我们应合理安排资源，如果资源出现问题，能迅速拿出有效的替代方案。不然，你的活动将损坏企业的名声及利益。

物料设计跟进

开始物料的设计、制作时，项目经理、产品运营都得及时跟进，落实好每个物料的完成时间。

数据收集

你必须每天去盯活动的进展，关注用户的状态，不断调整活动细节，保证按预期进行。在活动执行时，我们常做的事之一就是收集数据。

6.1.8 要素八：效果预估

没有基本的效果预估，就不要轻易立项。不评估好活动的产出，凭什么让设计师、技术开发投入精力去做呢？

效果预估一定要具体，可衡量、可验证。提高品牌知名度，提升交易用户，增加用户的活跃度，提升用户转化……这些东西说了等于没说。

它需要说明某个需求在完成之后预计能解决多少问题，带来多少收益。如果你恰好是在一个资源紧张的公司，其重要性不言而喻。那我们应该如何进行活动效果的预估呢？主要可以从以下两方面去说。

将之前做的活动数据作为参照，进行相应放大

结合当月的运营目标进行分解，说明该活动需要完成多少比例的指标。

比如，活动目的是拉多少新交易用户，你可以对这个值进行分解。从需要达到这么多的交易用户，相应的交易转化率应达到多少，注册用户又该达到多少，再倒推出活动点击量需要达到多少，曝光度又能达到多少。在之后的执行过程中，倘若无法达到任意一个指标，就得去想办法补足，不然你就得为活动效果担心了。

结合预算去做，确实是给多少钱干什么样的活

运营要考虑的是如何在预算范围内使活动达到更好的效果，抑或在达到预期的效果的前提下最大限度地降低预算。

6.1.9 要素九：活动推进时间表

我们在做每个项目或任务时，都会涉及任务的进度，谁在什么时候该负责什么以及该完成什么？都需要的明明白白的时间推进表。

在项目推进过程中，我们经常会用 Excel 直接罗列，或设定甘特图推进表。甘特图相比于 Excel 直接罗列更加直观，下面我就说说甘特图推进表（图6-2）。

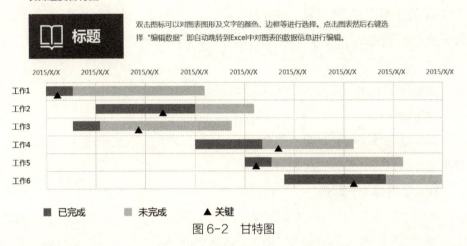

图6-2　甘特图

到底什么是甘特图流程推进表呢？

所谓甘特图流程推进表呢，就是通过活动列表和时间刻度形象地表现项目中各个活动的顺序与持续时间。它能从时间上整体把握进度，清晰地标识出每项任务的起始与结束时间。

甘特图的使用范围比较广，主要集中在现代的项目管理里，它可以帮助我们预测时间、成本、数量及质量上的结果，也能帮助我们考虑人力、资源、日期、项目中的重复要素和关键部分。

6.1.10　要素十：活动预算

活动预算是对活动过程中产生的费用进行估算。制定一个线上活动的预算，要从活动类型、奖品、周期、人员、目标等方面着手，明确每个环节将产生多少费用。如果要给甲方一个报价单的话，需包含各推广渠道费用、线下执行费用、各环节礼品或奖品费用等。

为此，我们需要控制预算总量。为什么？假设我们在每个用户身上的预算是 50 元，来了 1000 个用户，花费就是 5 万元，效果还不错，基本达到效果了；来 2000 个用户，花费 10 万元，嗯！效果不错，超过预期了；来了 10000 个用户，花费 50 万元，效果很赞，大大超过预期，近两个月指着这个活动就可以了；来了 10 万个用户，花费可就是 500 万元了，如果你们是一家像阿里巴巴的公司，那无所谓，但绝大多数公司做活动时都会控制预算总量，因为并非每家公司都这么"土豪"。

如果预算不足怎么办呢？或许还可以从下面两个途径"自救"。

找赞助

其实就是找能够提供奖品的个人或公司寻求帮助，双方同意后，只要在活动中给予对方一定的曝光度即可。

联合销售部门一起做

做活动时常会出现两个极端，要么一直闷头做活动，却忽视了"活动也是可以售卖的"；要么是纯粹为了销售、收入。而最好的活动是需要寻求一个平衡点。联合销售部门一起做活动会让活动的奖品赞助更容易到位，也会更好的衔接后续产品销售与推广。

6.1.11　如何做活动的复盘总结

对一场活动来说，结束意味着刚刚开始，因为复盘才是重中之重。正所谓"总结过去，展望未来"，如果没有复盘，你在下一次活动中，还是会犯相同的错误，这样也会越做越差。只有对活动的整体过程进行细致的梳理、分析、总结，才能将其凝聚成个人经验，而不再是"经历过就好"。

那应该如何去进行活动的复盘总结呢？我主要把"复盘"分为 3 个具体步骤：

- 目标回顾、结果呈现
- 复述过程、剖析原因

- 发散思路、总结经验

目标回顾、结果呈现

目标回顾就是对我们在策划前定下的目标进行重新审视。如这次活动的参与人数需要达到多少，活动页面的 PV、UV 需要提升多少……都是之前定下的目标。而结果呈现就是拿出活动后统计的数据。那一场活动都需要关注哪些数据呢？

访客数据，即 PV、UV。

包括活动前期和活动期间，两者对比，可以看到网站的流量增加情况，活动效果也会体现于其中。如果活动周期较长的话，还要对比每周的数据。当两周数据相差较大时，就要思考是什么原因造成的：是随着活动推荐用户兴趣在增加，还是活动产品新上了分享链接类的小功能等。

活动参与人数、活动页面登录人数。

针对活动参与人数，可以增加一个分析维度，即参与人数中新、老用户的分布情况。在大部分网站中，老用户的价值是很大的，了解网站新、老用户的分布，根据他们的活动积极性在活动中开设有针对性的环节，可以带来更好的效果。

活动转化情况（转化人数、转化金额）。

做完一次活动后，及时了解活动各环节的实际转化情况，对于下次活动前进行策略调整是很有帮助的。如果在数据监测方面有漏斗图展示，我们可以清楚地知道从访问活动页面到优惠券领取情况，再到下单购买的实际转化情况。若是活动效果不好，则应分析问题出在哪一步，及时进行改进，确保达到最优转化。

优惠券数据。

优惠券的发放、使用等数据直接关乎活动的回报率，甚至该活动到底是盈利还是亏本，间接关系到下次活动领导审批是否顺利。

此外，活动玩法对比、链接分享情况、各个渠道的对比都需要对数据进行分析，尽管是一些小细节，但也可能给公司带来全新的发展方向。当然，我们不应局限于这些常见的分析指标，也可以根据自己的需求进行多维度分析。

复述过程、剖析原因

分析这次活动的收益和不足，以及下一阶段可采取的措施。策划团队可以深入地分析产生此种结果的原因，并根据目标和结果的差异提出部分假设，比如：是否高估了某个渠道的转化；投放的时间点并非最佳；宣传文案出了问题，没能打动用户；登录页（Landing Page）的某些功能不够顺畅。

同时，我们可以把发现的问题整理成文档，如果有些用户需要回访，就派专人去做；如果是在执行过程中出现的问题或未处理好的细节，就需要专门备注，以防下次再犯。

发散思路、总结经验

完成一次活动之后，活动运营者需要进行自我总结，分析成功与不足之处，以便下次完善。当你开始复盘之后，就会逐步体会到这样做对提升活动运营效果是有巨大好处的。而在复盘结束后，你还要问自己这三个问题：

- 我们如何判断复盘得出的结论是否是正确且客观的？
- 需要排除的"偶发因素"，到底是个案还是普遍现象？
- 是否追问"为什么"3次以上？

6.2 活动运营的番外篇

定义一个活动的好坏标准是什么？我觉得离不开三个关键词：需求、创意、传播。

6.2.1 好活动的标准的关键词之一：需求

前面我们已经说过人的需求。按照马斯洛需求分析，按层次从低到高分为：生理需求、安全需求、社交需求、尊重需求和自我实现需求。比如生理需要主要是对食物、温暖以及性的渴望；而安全需求主要是有保护、稳定的需要；社交需求是一种对归属感的需求；尊重需求主要是一种"让人格受到尊重"的需要；自我实现是最高的需求级别，是一种对实现自我理想、发挥潜能的需要。

而对于活动运营者来说，挖掘目标用户需求成为第一道关键程序。因为只有抓对需求，你的活动才能顺着用户的意愿进行下去。

如果我们的产品是电商产品，那么目标用户本身就是一群有生理需求的人。接下来我们就得分析如何才能让他们这方面的需求更加强烈，也就是抓住他们的"阴暗面"。这里的"阴暗面"指的就是人类最原始的七宗罪——傲慢、妒忌、暴怒、懒惰、贪婪、淫欲和贪食（图6-3）。

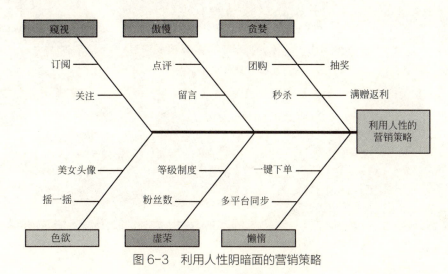

图6-3　利用人性阴暗面的营销策略

其实每宗罪都是包括人类在这宗罪主要的表现是什么？比如，窥视主要是用户对名人大咖的窥探欲或其私生活的好奇。比如在2016年爆红的分答，就是利用人的窥探心理——你只要花几块钱就能问一些大咖问题，其他人则可付费偷听这些大咖给你讲了什么。

此外还有色欲。在现有的环境下，互联网产品在功能设计或营销活动当中，都喜欢打"擦边球"。比如2016年很火的支付宝"校园日记"；其他微商的微信都是用美女头像，为的就是让你跟她多聊会，聊着聊着你就会买她的东西了。

上面说到，假设我们的产品是一款电商产品，主要是卖衣、食、住、行的相关商品，那么我们就应该抓住用户在这方面的需求，即贪便宜的心理。所以，我们会在平台上处处布"陷阱"，比如"买满500减200""买满1000减500""99元预定""1积分抢购"等，为的就是让用户多花钱。比如我们每年都会看到的天猫"双十一"（图6-4）、京东"618"这些打折、抢购、秒杀等活动，其实就是利用了消费者的"贪欲"。

图6-4　天猫"双十一"宣传首页

因此，在抓准了用户的心理需求之后，我们的活动就离成功不远了，毕竟活动得有人参加不是嘛！

6.2.2　好活动的标准的关键词之二：创意

第二个关键词就是创意。用户凭什么来参加你的活动，甚至能不断地去参加你的活动而不去参加别的活动，可能因为你的活动够新颖、好玩、刺激，服务够好，格调高，能成为让我与朋友们的谈资。而这些都是一个活动被用户认可并愿意参加的原因。

总结一下，上述原因可归纳为以下两条：

门槛够低

所谓的"门槛"是筛选用户的重要方式，但现在很多用户更愿意参加规则简单、不啰唆的活动，因为这样的活动不会花费太多的时间就能参与。在这个信息冗杂的时代，谁能帮用户省时间，谁就能抓住商机，所以我们尽可能地降低活动的门槛，让更多人参与进来。比如，"简书"在2017年3月份举办的萌宠图文大赛（图6-5）。而你只要拍摄一张或一组萌宠照片，或是手绘一张或一组萌宠漫画就可以参与。对于在简书的用户来说，这个活动的参与门槛就太低了。由此，该活动便可最大限度地调动用户的积极性，使他们自愿参与进来。

图6-5 "简书"萌宠图文大赛

该活动能成为我跟朋友的谈资

"谈资"就是沃顿商学院的营销学教授乔纳·伯杰在其著作《疯传》中提到的概念：社交货币。什么意思？比如，我参加完你这个活动，就能与身边的朋友、家人一起讨论活动相关话题，这就是谈资。比如，"双十一""618"，几乎成了国人的购物节，所以这时你也去买买买，然后就可以跟别人讨论活动的好与坏、购买过程中的体验，等等。

6.2.3 好活动的标准的关键词之三：传播

第三个关键词是传播。用户为什么在参加完你的活动或者看到你的这个活动，会主动愿意帮你宣传。这里涉及"传播因子"的概念。传播因子指的是该活动的那些触及用户的内心而让用户主动传播的因素，主要包括炫耀、认同、个性、兴趣、互惠等。而这些因子一旦被用户所认可，就会主动帮你免费传播。营销什么最重要？自然是用户的口碑。所以你会看到，现在的营销人都在抓用户的心理，看用户喜欢传播什么，不喜欢传播什么。如很多人都在转发咪蒙的文章，比如《致贱人》，原因是什么？因为在转发的这群人心里，都住着好几个文章中的"贱人"，而咪蒙的文章刚好触及了他们的那根筋，所以引发了共鸣。很多人在读完后内心很爽，觉得作者说话很真性情——这就是认同因子。而我们看到之前的滴滴、Uber，还有现在的摩拜、ofo 的邀请好友注册（图 6-6），则抓住了用户的互惠心理——既邀请了好友，又可以两人同时获得优惠，还能增进朋友间的感情，何乐而不为呢？

图 6-6 ofo"邀请好友"活动的宣传页

6.2.4 活动运营不得不关注的 3 大组数据

数据有多重要，看看这个案例就知道。领英（LinkedIn）的 CEO 杰夫·韦勒曾带领团队进行了一连串的 Growth Hacking(用户增长)试验。他们首先调研了新注册用户愿意邀请的朋友数量，经过反复试验，最终确定了"4"这一魔法数字。当新注册用户访问"邀请好友"页面时，如果系统建议用户邀请的朋友数量默认少于 4 人，则他们很可能会轻易忽略这一步骤；如果多于 4 人，则可能让用户感到焦虑和麻烦；而不偏不倚刚好 4 人，就能达到最高的邀请转化率。也就是说，通过数据分析，你能发现隐藏于产品背后的奥秘，而一旦你通过数据分析发现这个奥秘，就能在用户增长、产品迭代、营销推广上实现事半功倍的效果。

而在运营工作中，数据更是做出科学运营决策的基础，没有数据分析就不能很好地开展工作。所以，不管在用户运营、内容运营还是活动运营上，我们都需要着重关注一些数据，并提取它们进行分析，从而为活动锦上添花。

那我们在策划一场活动时，都应该提取哪些数据进行分析呢？这些数据主要包括成本数据、渠道数据、效果数据。

- 成本数据：运营支出成本，包括优惠券、代金券、短信推广等费用；
- 渠道数据：渠道来源、渠道转化率、渠道成功率、渠道成本等；
- 效果数据：参与情况，包括参与人数、优惠券领取人数、下单人数、成功支付人数；分享人数；页面的访客数据。

在活动上线时，一般都会重点关注活动的参与情况，也就是同一页面不同位置的访客。此外，重要的数据还有中奖人数。通过分析这些数据，需要及时掌握每个页面在不同时段以及不同位置的变化而做出相应的调整，确保活动能朝着既定目标进行。

我们拿一个电商的专题活动举例。一般此类活动都比较重要，投入的资源也相对较多，所以及时发现问题并调整策略，是每个电商人员要做的事。比如我们除了要及时掌握活动效果，还需要根据效果调整、优化商品。比如，在该专题活动中，相关数据如下图（图 6-7）所示。

陈列页面	浏览量	点击量	产品点击量	产品点击率	产品购买量
总计	2431	1648	12	0.49%	10
我的订单	2093	1331	8	0.38%	6
商品分类	338	317	4	1.18%	4

图 6-7　商品各指标

从上图可以看出，某个商品在"商品分类"页面点击率最高，说明它在这个位置的关注度较高。接着，我们可以进一步了解该商品在特定陈列页面的销售情况。在我们进入"商品分类"页面后，可以看到该商品在活动期间的销售情况。如图 6-8 所示。

图 6-8　商品分类销售额

我们可以看到，在这个时间段，该商品的销售额明显比其他时间段突出，我们据此就可以推出该商品的理想陈列位置，这个位置也将作为以后一些订单量转化大的商品的首要陈列位置。

6.3 天猫"双十一"活动有哪些值得借鉴的地方

6.3.1 跟着天猫学活动营销

在 2016 年的天猫"双十一"活动中,整整 24 小时,现场显示销售额的大屏幕上,数字一直在滚动:从 0 元到 1207 亿元。14 分钟,2012 年的销售额被甩在身后;1 小时后,2013 年的销售额被甩在身后;6 小时 54 分后,2014 年的销售额被甩在身后;15 小时 19 分后,2015 年的销售额被甩在身后。最终,2016 年天猫"双 11"全球狂欢节总交易额超过 1207 亿元,再次创造了纪录(图 6-9)。

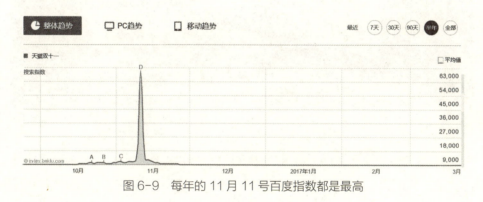

图 6-9　每年的 11 月 11 号百度指数都是最高

而作为旁观群众,一般只是在感叹这个数字的庞大,以及自己在这场购物狂欢中贡献了多少。但作为一名运营人员,就有必要学学天猫是如何将 11 月 11 日从光棍节变成狂欢节,最终将其转化为巨大的交易额。下面我们就来盘点一下阿里的品牌活动营销,以及它对用户需求的挖掘。

我将这个活动的营销分为 6 部分:广告投放(线上、线下);站内资源策划;直播;游戏 /H5;联合大 V 话题营销;名人大咖坐镇现场相结合。

6.3.2 广告投放（线上、线下）

2016 年的天猫"双十一"从 10 月 20 日就开始了第一轮轰炸，主要集中在线上、线下的广告投放。在城市的大街小巷，地铁、楼宇各处，我们都能看到"双十一"的广告（图 6-10）。

图 6-10 "双十一"线下广告

因为"双十一"这样标志性的年度巨型活动对于阿里巴巴来说，不但是冲业绩的好机会，更是品牌实力展示的一个平台。所以天猫首先要做的就是把广告刷满全世界，不断强化大众对活动的认知。特别是对于上班族而言，"双十一"宣传期间，会发现到处都是天猫的广告，在搜索引擎、桌面图标、网站页面、各大超级 APP 都有其身影。所以，"双十一"这个节日你想不知道都难。

2013 年 4 月，阿里投入 5.86 亿美元收购了新浪微博 18% 的股份，成为新浪微博的第二大股东。而阿里的收购显然也是看重新浪微博带来的巨大流量。因此如何利用微博实现导流无疑成了"双十一"流量来源布局的重点，比如微博的 PC 端就是整屏的"天猫红"（图 6-11）。

图 6-11 "双十一"在新浪微博的广告投放

6.3.3 站内资源策划

"阿里系"的天猫、淘宝等 APP 都是集流量、商品、支付于一身的超级平台,所以这些平台也是"双十一"的主宣传地。比如有热门关键字、首页顶部通栏、轮播(品牌旗舰店宣传页)、三级页面右侧、会场导航条等大流量的资源位置,都是 2016 年"双十一"重点布局的渠道。

秒杀预售楼层

秒杀预售楼层为引流楼层,一方面能引流,另一方面能够维持流量的活跃度,是活动引流的一般套路。

天猫国际预售楼层

主打调性的天猫,近两年来一直在耕耘全球购、跨境电商的战略。本次天猫"双十一",阿里肯定也不会忽略这块蛋糕,将其放在第二个楼层,可见阿里对其的重视程度以及对其销量的表现期望。同时想必其中店铺的广告位竞拍价格也是不菲。

服饰百货楼层

作为天猫区别于淘宝的重要分水岭,主打时尚调性是前者的重要基础,当仁不让的就是官方品牌旗舰店的服饰百货类商品了。一部分是给予商户的流量扶持,另一部分是广告位竞拍。

美妆护肤楼层

美妆护肤楼层采用的是"店铺+单品"的模式进行布局,这种布局方式没什么可挑剔的。

上方为品牌店铺广告位,下方为爆款预售位,便于吸引用户点击。

类目集合楼层

作为一个类目分流的入口,为其他分会场进行流量引导,如图6-12所示。

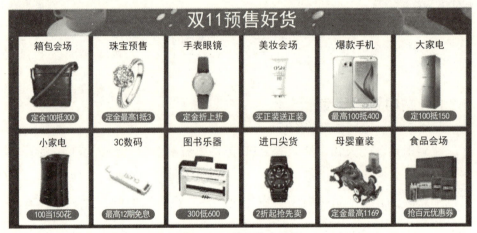

图6-12 类目集合楼层

自营OEM产品,频道,旗舰店楼层

本层为阿里自有频道入口,主要为下属旗舰店以及某些品牌提供流量支持。

猜你喜欢(智能推荐)

智能推荐楼层。此次选定的为参加双十一预售且与消费者前期浏览或者购买过的产品存在交互相关的单品,此处易于形成转化。

而在APP更是充满过节的味道。如图6-13所示,除了按传统的女装、男装、百货、生鲜等品类进行分类,还有按人群定位或属性分的分类方式,而后者也正是淘宝 APP 近年来的发展方向——不再按商品的类别去整合,而是按消费者的类别去分类——刚刚买完一件大衣的妹子很可能不想再买一件不同款式的大衣,而是希望购买和大衣配套的围巾和手套。

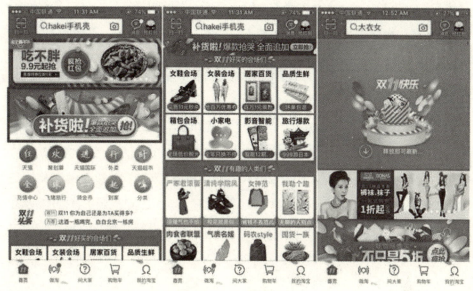

图 6-13　天猫 APP

6.3.4　掀起全民直播热潮

近年来的每一次"双十一",不同平台之间都会有一个比拼主题。2012 年的"双十一",最大的主题是"低价"——哪里的价格最低,消费者就流向哪里。到了 2013 年,由于消费者对 2012 年"双十一"的快递爆仓、送货严重延误等还心有余悸,主题就变成了"拼物流速度"——以京东、易迅为代表的电商主打物流速度,阿里平台也在强化菜鸟网络解决物流之痛。2014 年、2015 年两年,"双十一"的比拼主题变成了"货源品质"。

其实,无论是拼价格还是拼品质,背后都是流量争夺的需要,归根结底,电商们玩命去争取的销售额，就是流量、转化率、客单价三者相乘的结果。但在 2016 年直播平台全面兴起的背景下，巨大的互联网流量入口已经产生。中国互联网络信息中心发布的第 38 次《中国互联网络发展状况统计报告》显示，截至 2016 年 6 月，在资本力量的推动下，网络直播用户数量达到 3.25 亿，占网民总体的 45.8%。大型直播平台每日高峰时段同时在线人数接近 400 万，同时进行直播的房间数量超过 3000 个。试想一下，如果能将这般庞大的流量引入电商平台，产生的价值将不可估量。

因此，在映客、花椒、一直播等为了抢夺流量而激战正酣时，淘宝、天猫、苏宁易购等纷纷上线直播功能。在 2016 年的"双十一"狂欢节期间，天猫就推出了高达 6 万场直播，杨洋、张艺兴等 100 多位娱乐明星，数十位体育名人和 300 多位网红达人在线上为品牌做宣传，给观众送福利。集综艺、明星、网红、红包福利于一体的"九牛二虎"和"拜托吧大神"，以及"魔幻旅行团""呼叫明星""全球疯狂主播""奥运冠军"等，共同掀起了直播的浪潮。10 月 26 日，当红明星迪丽热巴在 TCL 天猫直播间进行了网络直播，吸引了 13.9 万人次围观、13.6 万次评论、1159.1 万次点赞。

6.3.5 游戏 /H5

在电商的营销活动当中，游戏或 H5 肯定是必不可少的，因为它们的可玩性高且易于形成互相传播，所以一直被很多营销人作为营销必备手段。

在 2016 年 10 月 23 号，一封"穿越宇宙的邀请函"（图 6-14）给人们带来了视觉上的惊艳与惊喜——天猫邀请浩瀚宇宙里的所有人"尽情尽兴"，告诉大家这里不仅汇聚了全球好货、全球直播、红包火山、购物券等，还可以足不出户逛遍全球，好货触手可及。

从"天猫双十一网购狂欢节"到"购物狂欢节"再到现在的"全球狂欢节"，双十一的范畴越来越大，更加全球化、国际化。现在的双十一更像一个节日，跨越国界和地域的节日，传播着"尽情尽兴，尽在双十一"的天猫文化。

图 6-14 穿越宇宙的邀请函

同时,阿里还为"双十一"推出了 AR 互动游戏"寻找狂欢猫"(图 6-15)——用户随时随地打开手机找猫猫,就有机会获得超级红包。在星巴克、肯德基、

图 6-15 "寻找狂欢猫"

银泰百货、苏宁电器等上万家实体店内,大家只要下载"寻找狂欢猫"客户端,打开"捉猫猫"界面进行游戏,就有机会获得奖励——可能是换一杯咖啡,也可能其他大励。而该游戏的终极大奖,将是和马云一起在一个非常神秘的地方共进特别晚餐,这可是金钱买不到的。

6.3.6 联合大 V 话题营销

网络大 V、明星、红人拥有众多的粉丝,他们的话题传播广泛,也同样带有广告性质。粉丝的忠诚度与话题性是带动话题热度的重要途径和方法。2016 年,"# 双十一来了 #"这一话题的讨论量达超过了 6000 万次(图 6-16),长期霸占微博热门话题榜榜首,这体现了微博"裂变式传播"的独特作用。

图 6-16 话题"# 双十一来了 #"

6.3.7 名人大咖坐镇现场

众所周知,马云在娱乐圈的交友广泛,而这个巨大的交际圈也被用到了 2016 年的"双十一"狂欢节上。

11月10号晚8点,"双十一"的压轴大戏——"天猫双十一狂欢夜"在浙江卫视隆重播出,吸引了各路明星和6000多名热情高涨的观众来到现场。4个小时的晚会上明星荟萃……只有想不到,没有"马爸爸"请不到的。

阿里在2016年的"双十一狂欢节"上可谓下足了血本,线上、线下联动广告投放;站内资源策划;直播;游戏/H5;联合大V话题营销;现场名人大咖坐镇,都投入了大量的资源。虽然,像这种规模的影响,一般中小企业在产品推广时做不到,但是里面也有很多借鉴的地方,包括营销模式方式在内,我们在进行产品的推广营销的时候都可以用上。比如上面提到的微博联合大V话题营销,我相信现在很多企业在进行产品推广时都会用上——在我服务的东家当中,微博营销一直都是惯用推广方式,因为在前期策划得好的前提下,转化率还是很可观的。当然了,如果你预算更加充足,还可以进行跨界营销,组成产品推广矩阵,使自己的产品推广范围更加广阔。

第 4 篇

揭秘刷屏事件的背后运营

第 7 章

2016年印象最深刻事件都是如何运营的

古人有云:"有心栽花花不开。"意思是,当你很用心去做一件事的时候,结果往往不如你所愿。而古人还有云:"无心插柳柳成荫。"意思是,有时你不经意间做出的或并非刻意强求的某件事,反而达到了意想不到的好效果。我们看到的刷屏事件,很多都是策划者完全没有预料到的,他们只是做好该做的事情,尽量抓住用户的心理敏感点。

7.1 "新世相"的"丢书大作战"

2016年的刷屏事件太多，而有一个名字却不得不提起，那就是"新世相"。夸张点儿说，"新世相"重新定义了自媒体，因为他们摸索出了一条制造流行之路。"逃离北上广""中秋回家"系列、"丢书大作战"……每次都会掀起话题风暴，引发流行。

产品运营人都知道，策划一场活动不难，但策划一场爆款活动则"难于上青天"。如果你不是BAT等巨头的把持的创业公司，还想让公司的接连几次活动都成为媒体关注的焦点、报道的对象，那成功的概率几乎为零。但张伟和他的"新世相"则给我们好好上了一课——连续策划好几场爆款活动是可能的！

作为新世相在2016年的最后一场爆款活动——丢书大作战，前前后后都经历了什么？这场活动是如何被策划出来的，又是如何统筹整个过程的？本节将为你揭晓！

7.1.1 活动门槛低，调动用户参与积极性

"新世相"的活动门槛向来非常低，不管是"4小时逃离北上广"，还是"中秋节不回家""图书漂流计划""当1小时偶像剧男主角"，几乎可以说"只要动动手指就能参与"。比如去年的"逃离北上广"，当天早上7点钟时，我的朋友圈就已经被刷屏了。然后我回到公司，公司的一个同事也参与了，还给我们现场直播。虽然他没有抢到票，但从整体情况来看，这种"只要动动手指就可参与进来"的"低门槛"活动，用户当然是很愿意参与的！

说回这次的"丢书大作战"。这次活动分为"丢书人"和"捡书人"两派（图7-1）。

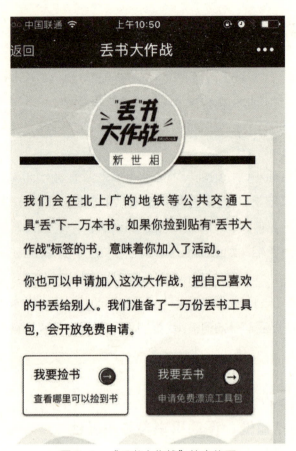

图 7-1 "丢书大作战"的宣传页

如果你想捡书,只需扫描二维码访问专属网站,你就可以看到谁在何时何地丢下了哪本书。如果你捡到书了,你会看到每本书上都贴有"丢书大作战"贴纸和二维码。捡到书后,你需要扫描二维码登记你和书的信息,帮它长期在城市里传递,就像漂流瓶一样。如果你想丢书,只要申请领取"工具包"(一共10000份)即可。工具包里有2张提示贴纸、1本说明手册、1张二维码贴纸、1张留言纸,你可以在新世相微信公众号和活动专属网站免费申请工具包,然后把贴纸贴在你要丢的书上就可以了。

这种活动参与门槛极低,用户可以随时随地参与进去,又不用付出太多思考。而这些恰恰是一场活动取得成功的基本因素。

7.1.2 活动推广要联合其他媒体,并与公益联系在一起

我们都知道,利益性质很强的营销活动只要跟公益联系在一起,就不会那么让人反感,而"新世相"恰好抓住了用户的利他心理——希望通过这次活动鼓励人们通过分享书籍的方式分享知识与美,鼓励陌生人间的善意。

其实这场"丢书大作战"诞生于"'赫敏'在英国地铁藏书"事件之后,当时"新世相"收到很多用户的反馈,希望能在国内组织这种活动。于是"新世相"就顺势而为,开始策划一场这样的活动。在策划过程中,"新世相"也联系到了艾玛·沃特森(即赫敏的扮演者)参与的"伦敦地铁读书行动"负责人,得知这个活动正是艾玛和公益组织 books on the underground 联合展开的。该组织成立于 2012 年,每周都会在伦敦地铁上投放 150 本免费书籍,供公众任意取阅。在取得艾玛的同意后,"新世相"的活动不仅消除了"抄袭"的隐患,还间接和公益联系起来。虽然在刚开始的时候,很多人都在议论"新世相"是借公益之名去变相推广自己的活动和品牌,但也有很多人觉得这个做法很好,因为重要的是该活动能产生怎样的效果。无疑,该活动展现了这个时代的读书焦虑,将国内阅读量少的尴尬呈现给公众,进而引发一系列思考及讨论。正如《京华时报》所评:从"丢书大作战"说起,读书总是好的开始。

此次"丢书大作战"也联合了其他平台,比如借助了微博和微信的优势,形成"双微联动"。策划方先是在微博发预告,然后在微信公众号发出一篇图文正式推出活动(引爆),之后再通过微博进行实时直播。最重要的是,该活动取得了京港地铁的支持(图 7-2)。由于整个活动就是在地铁上进行的,可以说没有京港地铁,"丢书大作战"就没有了土壤。而同时联合了滴滴顺风车和海南航空等一起做宣传,则是为此次活动的引爆做铺垫。

图 7-2 "丢书大作战"的联合主办方

7.1.3 利用明星强大的传播号召力,为活动站台

好的创意加上好的传播渠道,就是"丢书大作战"最大的优势。

做媒体出身的张伟,不可能不知道明星的传播力,在策划这场活动时,张伟和他的"新世相"也将好点子和明星的号召力联系起来,邀请到了黄晓明、徐静蕾、张天爱、张静初、陈鲁豫、任泉、包贝尔、沈腾等一大批明星做宣传。除了这些影视明星之外,还有不少作家大 V、互联网大佬等也参与到了此次活动之中。

在活动当日,黄晓明、徐静蕾、张天爱、张静初、董子健等人就率先在北京、上海、广州的地铁、航班和滴滴顺风车里丢下了贴有活动标志的书籍,并拍下照片,号召更多人参与进来。随后其他明星大咖也陆续加入。他们自带巨大流量,每条微博都直接 @ 新世相,直接为该活动带来了巨大的关注度。比如,光是黄晓明一个人,粉丝量就超过了 5000 万,而他发表动态直接 @ 新世相,就得到了超过 2 万次的转发,这样的曝光数是非常大的。由此,"新世相"不仅吸引了更多粉丝,也赢得了口碑,可谓名利双丰收。

7.1.4 好的创意需要强大的执行力去支撑

之前跟我们公司合作的一个活动执行方,是承办过亚运会以及互联网大会等大型活动的策划公司。一次,我跟他们的执行负责人谈合作,说到他们以往举办的活动,最快的一个从策划、执行到落地、完成,一共就用了 10 ~ 15 天,可以说是很快了。

而"丢书大作战"虽不能跟一些大型晚会相比,但在不到 10 天的时间里(图 7-3)策划并实现这样一场需要整合跨界资源的活动,已经算得上奇迹了,更别说它还成了爆款活动。从朋友圈那篇爆文《女神赫敏在地铁里丢了本书,结果整个伦敦都读疯了》开始,以"赫敏丢书"的创意为基础,独立开发了专属网站和线上系统,"丢书大作战"的活动流程可谓脉络清晰。

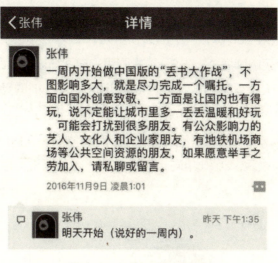

图 7-3　张伟的朋友圈截图

其实这已经不是"新世相"第一次这么快就策划好一个活动了,他们的成名作"逃离北上广"就已是如此了——这个活动前后也就用了 8 天时间。因此,我觉得执行力是"新世相"做成功活动的核心所在。

7.1.5　对目标用户需求的敏锐洞察力,让活动引起现代人的关注

不管是"4 小时逃离北上广",还是"中秋节不回家""图书漂流计划""当 1 小时偶像剧男主角",都是针对北上广用户的"痛点"去策划的。"丢书大作战"就正好戳中了这个时代的读书焦虑,尤其是在这样一个大背景下:早已被定义为"礼仪之邦""文明古国"的中国,在当代却遭遇了"人们不读书"的尴尬。

罗振宇在《罗辑思维》的最后一期中说到,现代人对学习的渴望越来越强烈,这种渴望只会增加,不会减少,因为我们的现实环境发生了天翻地覆的变化。古人只要学习好四书五经就可以,而现代人更希望自己什么都会点,最好的学习就是跨界学习。发生这种变化的原因是,科技发展推动社会进步,人们所处的环境极其复杂,人们对世界的理解又较为浅薄,而只有通过不断的学习,才不会被时代所抛弃。这在北、上、广、深表现得尤其明显。

第十三次全国国民阅读调查数据显示（图7-4），2015年我国国民人均纸质图书阅读量为4.58本，电子书阅读量为3.26本，年读书量7.8本。"亚马逊"2016年全民阅读调查报告显示，中国用户已逐渐培养起良好的阅读习惯，超过八成用户每天至少阅读半小时，每天阅读多于1小时的受访用户比例高达40%，但其中包含碎片化阅读时间，也包括浏览知乎、微信文章的时间。与此同时，图书零售市场的规模每年呈增长态势，实体书店零售市场继2014年实现3.26%的增长之后，2015年同比增长0.3%。也就是说，每年有更多的书被读者买走。

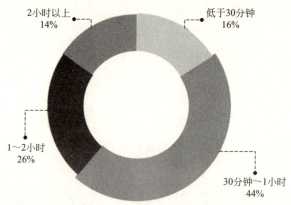

图7-4　第十三次全国国民阅读调查数据

7.2　零食届第一"网红"——卫龙辣条的爆红之路

我相信很多80后、90后的小伙伴都看过图7-5中的这种辣条（当时还不太关注商标，能吃就行），而近几年市面上好像没有了它的身影。但你不要以为它消失了，因为人家现在已经焕然一新了（图7-6）。

是的，我相信很多人在2016年被卫龙的广告刷屏，同时也"亮瞎了"眼睛。因为在很多人的记忆中，儿时看到的卫龙辣条包装都脏兮兮的，跟其他辣条没多大区别。但卫龙却凭着2015年和2016年的一系列营销事件，以及包装的"焕然一新"，再次进入用户的视野。

图 7-5 卫龙辣条的旧包装

图 7-6 模仿 iPhone7 的卫龙辣条新包装

那卫龙辣条此前都经历了什么,是如何实现屌丝逆袭的,他的运营团队都是一群怎样的人,又为何可以实现"草根逆袭"?本节将从 4 个方面去解析卫龙的爆红之路:

- 消费升级下的零食界,卫龙抓住了机遇
- 开启"自黑"模式
- 卫龙的借势营销
- 卫龙的"高端"线下实体店

7.2.1 消费升级下的零食界,卫龙抓住了机遇

前几年,大众将辣条这类的食品统称为"垃圾食品",因为其制作成本低廉,没什么营养价值。同时,很多报道也称辣条大多出自黑作坊,制作环境恶劣,质量无法保证。那时,对辣条的监管并不规范,且该行业的门槛很低,这才导致很多安全隐患被曝出。那时,一场针对辣条的"安全风暴"袭遍全国,也成了行业洗牌的首个阶段——很多辣条制作黑作坊因为此次风暴事件宣告倒闭。有统计称,从 2008 年起,统计的辣条企业高达 2000 家,但到了 2014

年年底只剩 500 多家。

但这场"风暴"却成了卫龙的机会。此时，卫龙公司内部开始建立产品技术标准体系、质量管理控制体系，并设立了专门的质量管理机构，还聘请了一批拥有专业团队的质检机构。同时，卫龙开始将注意力聚焦到目标人群的消费需求上来。为了迎合不同年代人群的喜好，卫龙不断细分市场，开拓了面制品、豆制品、魔芋制品、海产类、肉类多品类，形成多口味、多系列的休闲食品体系。

其次，当时人们在购买辣条等"垃圾食品"时，基本上不看包装，因为没有哪个品牌做得特别好。而卫龙就看到了这样一个机会，开始着手改进产品包装。为了迎合新生代需求，卫龙推出了小包装，并对包装材质进行了优化，原来简单的透明包装优化为铝箔、铝膜包装等，在保持口味的基础上，提升了锁鲜度及口感。

2014 年，卫龙的天猫旗舰店准备上线，为此，运营团队特意请了一批摄影师拍摄制作车间，而这也扭转了卫龙在用户心中的地位。如图 7-7 所示，卫龙辣条的制作车间并不像人们想象中那样脏乱，而是有着干净整洁的环境，自动化的设备，统一着装、戴着口罩和手套的工人们，这与新闻报道中的"黑作坊"明显不是一个画风。随后，这组照片很快在微博上走红，并在短时间内获得了上百万的阅读量。

图 7-7　卫龙辣条生产车间

2015 年，卫龙在各大电商平台铺开销售渠道，迅速入驻了天猫、京东、1 号店等平台，线上销售的帷幕就此拉开。

7.2.2 开启"自黑"模式

卫龙的"自黑"让我想起了 2015 年，天猫服饰大商家韩都衣舍也曾玩过类似的招数。"双十一"前夕，韩都衣舍官网出现了"活该，韩都衣舍"的字样，一时间被大家关注和讨论。但其热度显然比不上卫龙的"自黑"事件，因为后者已经谋划已久，事件一环接一环，环环相扣。那天到底发生了什么事呢？

2016 年 6 月 8 日，卫龙辣条的天猫旗舰店被黑了！整个店铺首页变成了黑底，上面用红字写着"凭什么不给我发货"（图 7-8）。而卫龙官微表示不知情，说"具体原因正在排查当中"。在网站短暂恢复正常之后，等到下午，卫龙天猫旗舰店再次被"我要给你点颜色看看，你为何这么呀"等网络表情包覆盖。

图 7-8　被黑后的卫龙辣条网站首页

在大家都在讨论卫龙网页被黑的时候，下午六点左右，卫龙首页出现一个声明：没错，它就是个营销……

虽然卫龙的自黑事件持续时间稍微长了点，但后期的补救措施还是做得不错，比如在宣布这是一次营销事件后，顺带在微博上@了天猫，因为自己的天猫旗舰店被攻击，说明阿里的安全性存在缺陷，其名誉肯定会受影响。卫龙这样做也算是为阿里进行了澄清。

7.2.3　卫龙的借势营销

在借势营销上，卫龙可以算得上是辣条界的"杜蕾斯"了，因为该公司的诸多借势营销或邀请网红做的话题营销，成功地引来了相当大的曝光度和流量。

实际上，从 2015 年开始，卫龙的借势营销就火起来了：从早年的《奔跑吧　辣条》，到两度借势电影《逃学威龙》，将其宣传短片取名为《卫龙大电影之逃学卫龙》。拿后者来说，该片主要面向学生及已经在校园中对辣条有感情的人群。让大家意识到零食也能变成校园的抢手货，顺便回忆一下校园往事。只不过那时关注卫龙的人还不算多，它只是在圈子里比较火。而从 2016 年下半年开始，卫龙才算真正地把借势营销玩溜。下面讲讲卫龙"模仿 iPhone7"以及对"韩国架设萨德"的借势营销。

模仿 iPhone7，是为让卫龙真正走入大众视线

我们不能说借势 iPhone7 是卫龙的一夜爆红，因为之前的一系列营销其实都是在为这次事件爆发做铺垫，因此这实际上是"从量变到质变"的过程。在前两次的"逃学卫龙"短片中，当一位女同学把书包中的卫龙亮出来时，其包装已经是简洁风了，而这表现了卫龙的质量。只是这并非质变的临界点，因此没有引起事件爆发。

我们都知道，苹果以简约风著称，从乔布斯时代开始，每代苹果手机都是科技发烧友关注的焦点。而在苹果公司发布新手机之前，一些企业和明星都会借势好好宣传自己。比如"不老男神"林志颖就会在发布前先曝光所谓的真机，这样马上就会引起大家的注意，从而大肆宣传。而在 2016 的苹果公司新品发布会上，iPhone7 无论是耳机，还是摄像头等，都颇令人关注。所以，当天卫龙也来借势一波，推出自家新品，不过不是手机，而是全新辣条，一种包装风格极其像苹果7的辣条。在借iPhone7的热点上,卫龙团队做得很到位。不仅如此,他们也及时地策划并开展了线下活动营销。

说到这儿,就不得不提一下卫龙的运营团队。很多人都戏称:"是不是杜蕾斯的营销团队跳槽去了卫龙?"其实这两个团队完全不沾边,卫龙团队基本上是草根出身,没有一个人是专业广告、营销出身,都是半路出家。因此,他们能紧紧抓住时代的潮流去做时代营销,还能做出这样的成绩,确实不容易。

现在,如果你点开卫龙辣条的官方旗舰店,可能会误以为闯进了苹果官方旗舰店。当卫龙的简约风海报在朋友圈刷屏时,我的第一感受是很想把这个海报保存下来,然后也发一条朋友圈。这是因为它击中了用户对某一事物的反差心理,比如以前你看到的某物平淡无奇,但一天你突然发现,这个东西发生了巨变,重要的是还变好了,这时你就很想告诉别人。而卫龙正是抓住了热点,再适当地融合自己的理念,就完成了一次成功的借势营销。

除了借助微博营销获得了大量网民的声援外,卫龙还在各大媒体平台上发布了相关的新闻、软文,一时间,搜狐、网民、人民日报等权威媒体也竞相报道,让卫龙成了各大网站上的热门品牌。借助此次新闻营销,卫龙不仅表达了自己作为国内企业的立场,而且也将企业的品牌和理念融入宣传中,成功吸引了媒体和社会公众的注意力,实现了"提高社会知名度、塑造良好品牌形象"的最终目的。

7.2.4 卫龙的"高端"线下实体店

现如今,电商的优势正在消失,开家网店的成本基本上已经超过实体店铺的租金了。就以淘宝某一商品为例,引来一位顾客的成本大概在80元左右,但是很多商品的售价都不到80元!

很多人说"实体经济被电子商务搞死""实体经济已经不行了"。然而马云却说:"中国不是实体经济不行了,而是你的实体不行了。"这句话潜在的意思是,中国实体经济到了需要转型升级的时候了。

其实近几年来,电商的运营成本一直在增加,但是反观实体商业,降租早已是共识。这两年,连地标性的购物中心都在顺应趋势,给商家更多折让,不乏恒隆、华润、瑞安这样的大型商场。

现在的实体店,更突出店铺的体验功能,弥补了网络购物的不足,这种体验感的增加吸引了新的实体店购物人群,使实体店的购物群众与以往发生了变化。

这就是"消费升级"。如今的80后、90后甚至00后组成的"新消费群体",消费偏好及习惯已与之前的消费群体大相径庭。

而卫龙好像也悟到了这个问题。对一家曾经被视为"垃圾食品"的企业来说,开设实体店铺不是要亏死吗?但是卫龙真就这样做了。2016年10月,卫龙开设了自己的第一家实体店(图7-9),装潢是"苹果"风格,很多细节都模仿得很到位,展示了辣条的实体店也有高档的一面。当然,卫龙的大胆也引来很多吐槽:卫龙不但在包装上模仿"苹果"公司,现在连店铺也要模仿。在很多人看来,卫龙确实是模仿和借势的高手,但这次卫龙的实体店做得这么"高端",其实与很多人的想法不谋而合——线下实体经济也该到转型升级的时候了,如果大家都像卫龙这样,那实体经济就不会给人一种奄奄一息的感觉了。因此,卫龙的做法只会让用户相信你的产品更加安全有保障,且实力雄厚。

图 7-9 卫龙的实体店

很多人都说现在的年轻人不喜欢逛街，但这种想法是错的。现在的年轻人不是不喜欢逛街，而是喜欢逛更加高端、有格调、有价值的街。在这个人人高喊"消费升级"的时代，消费者愿意且有能力为更好的产品和消费体验"买单"。

7.3 如何才能打造"爆点事件"

做产品推广的人都想着自己的产品有一天也在朋友圈、微博等社交媒体上刷屏，但是这个概率是小之又小。不过我们可以模仿别人好的活动，了解他们有哪些成功的要素来提高刷屏的概率，本节我们来总结一下"爆点事件"都需具备哪些因素。

7.3.1 "爆点事件"都是不可测的

现在做事件营销的运营人，有时精心策划了一个事件，心里想着"明天的头条就是我的"了，但结果却不尽如人意。有些品牌策划运营，本身并没有花太多心思去做，但第二天的结果却给了你很大"惊喜"：比如我们平时看到了一个爆点事件之后，记住了这件事的背后策划团队，认为他们做事件营销很厉害，但殊不知他们之前做过的千百个策划都默默无闻。

在过去的互联网爆点事件当中，有太多事件让人铭记，而更多的是：没有听说过。就好像我们前面说的"新世相"，在他们策划的事件中，让人耳目一新的是"四小时逃离北上广""中秋回家系列"及"丢书大作战"。而你认为"新世相"就只做了这几个活动吗？答案显然是否定的。"新世相"策划的其他活动，诸如"珠峰漂流""新世相图书馆计划"等事件，表现较为平常，也没有达到刷屏级的目标。而"新世相"的创始人张伟也说过，在现有环境下做刷屏事件，很多事情是你无法控制的。言外之意就是，现在的内容信息冗杂，用户的注意力不是你想抓就抓住的，一件事的爆发是由很多因素共同决定的，所以我们认为，把握可控因素，就能将它的效果做到最大。

2016年伊始，新媒体界最为轰动的一件事莫过于"papi酱的广告拍卖"。这件事可以说开启了自媒体人的一个新元年，因为一个贴片广告最终拍出2200万元的天价，它也被称为"新媒体史上第一拍"。而这样一件事真是罗辑思维、真格资金与papi酱的团队经过了无数个日日夜夜策划出来的吗？看过视频节目《罗辑思维》的人都知道，罗振宇说这件事完全是一个匆忙的决定，甚至从产生想法到真正执行也只用了3天左右而已。连罗振宇也说，第二天的"刷屏"效果是他完全没有想到的。

那在这短短3天里，罗辑思维团队和徐小平到底是如何策划出"新媒体史上第一拍"的呢？

3月17号晚上，徐小平攒了个局，邀请罗振宇和"脱不花"一起去见当时火得发烫的papi酱。其实在去之前，罗振宇是没有任何底气的，说papi酱现在的视频流量有千万，好好做个广告就行，实在想不出有什么招可以让商业模式更加深入。但见到papi酱后，罗振宇就灵光一现，想到了做中国历史上新媒体广告的第一个招标拍卖会。而这个想法一讲出来，马上就获得了在座各位的同意。说做就做，事情谈好是周四，广告拍卖会是周一，而就在这短短3天时间里，罗辑思维团队和真格资金就策划了新媒体史上的"标王"的诞生时间。他们在这3天当中做了投资谈判，签了投资协议，完成了后面的一系列策划，包括写文案等。对任何一家广告公司而言，三天做一个活动不是没有，但做成一个"刷屏"事件实在是找不出第二家。而做出来的效果如此之好，也是罗振宇和papi酱想不到的。

所以有些事件明明策划得很完善，但落地后的效果却不行，而有些赶着做出来的营销事件却获得了关注。这说明"爆点"事件的出现实在不是你想控制就控制的。但有些因素还是可以控制的，比如用户需求、传播渠道、创新点等，而它们有可能是成为一个"爆点"事件的必备因素。

7.3.2 "爆点"需要革命性创新

做产品推广的人都应该听过这句话：一时火爆易，一世火爆难，一个品牌真正要持续产出好的产品是很难的。不论任何事物，其实都是有其生命周期的，即便是"爆品"也不例外。

我们都知道，iPhone 是苹果史上最具创新的通信产品之一。在 2007 年，物理键盘就是手机的尊严。我们可以看看诺基亚 N 系列的经典高端旗舰机型，都保有物理键盘，但键盘占据空间较大，导致屏幕尺寸做不大。而诺基亚和 HTC 等公司想的不是去掉键盘，而是做成滑盖手机，把键盘藏到屏幕下面。苹果公司则重新定义手机，完全去掉了实体键盘，只留有 Home 键，这样就能留给屏幕更大的空间，所以苹果公司的第一代手机屏幕可以做到 3.5 寸。此后，各大手机厂商无论之前多么热衷键盘、多么喜欢在滑盖上做文章，只要研发智能手机，都会参考苹果公司的设计，舍弃物理按键，采用触屏虚拟键盘。

而在国内，小米手机可说是开创了千元手机的先河，让人人都能以很低的价格买到高配置的手机。因为小米只通过电子商务平台销售，最大限度地省去中间环节。通过互联网直销、市场营销等采取按效果付费模式，这样运营成本相比传统品牌就能大大降低，从而最终降低终端的销售价格。

而就在小米手机开创了很多手机史上的先河时，犯了一个错误，就是在做了一个"爆品"后变得比较中庸，其中一个原因可能是外界对小米的期待过高，另一个原因就是小米自己也遇到了瓶颈，比如渠道、营销优势不存在，不得不另谋生路。还有就是其他国内外竞品开始大打价格战，抢占市场份额。

在这种情况下，小米手机销售额一路下跌。但就在大家以为小米公司从此会被边缘化时，它出了一款革命性手机——小米 MIX。这款手机的发布，可以说是把小米从悬崖边给拉了回来，再次让用户觉得它还是一家很酷的公司。假如小米没有推出这款革命性的产品，小米很有可能会被友商给"革了命"。

这就是"爆品"战略，任何一个品牌都不能坐吃山空，就像天猫的"双十一"，人们以为每年的交易额都会是阿里的顶峰，下一年就不会再出现更高的数字了，"双十一"也会走下坡路。而了解"双十一"的人都知道，每年"双十一"的销售额都会创新高，而该活动是在前面基础上不断"推陈出新"的。所以说，任何一个品牌都要在前面活动的基础上更加创新，而所谓的"创新"就要把每次活动都当成最后一次来做，这样的创新才是革命性的。

7.3.3 需求，利用三种心理法则

前面的章节提到，好的活动都是满足了用户的某种需求的，如果一个活动没有需求，是不会有人参加的。所以很多情况下，我们在策划一个活动的时候，首先要做的就是分析为什么需要去挖掘用户需求，并确定你的目标用户，这是为了让你的活动击中用户的内心，让用户为你传播。

而在这一节，我们主要来说说三个"心理法则"，它们可以让一个活动最大限度地被用户关注。而这三大"心理法则"分别是三重人格、情绪煽动以及制造优越感。

弗洛伊德的"三重人格"——抓住需求的关键

弗洛伊德创立了精神分析学说。而精神分析学说的构建是通过本我、自我、超我这三个概念来完成的。

所谓"本我"，指的是最原始的我，是天然、自然之我，是生而有我之我。本我是一切"我"存在的心理前提和能量基础，一般意义上可以理解为天性、本能、自然思维规律等。在弗洛伊德的理论体系中，认为这种"本我"是追寻快乐的，避免痛苦的，无意识、无计划的。比如，婴儿生来就会哭泣、饮食；人生而喜欢享乐。从本源意义考虑，这和动物没有什么本质区别，因此在通常情况下，人们往往将"本我"理解为"本能"。而这些心理需求适用于很多实体性的产品，比如让人产生食欲的食品、饮料，还有供人玩乐的游戏，这些都是人类最原始的需求。

所谓"自我",指的是"自己"这个意识的觉醒,是人类特有的自我探寻的开始。一个婴儿刚生下来是只有"本我"而没有"自我"的,但当他开始探寻"我是谁"这个概念时,他开始真正成为一个"人"。在这个过程中,贯穿始终的便是周围环境在大脑中的不断映象,所以,"自我"可被称为"现实环境约束下的自我"。例如,婴儿饿的时候会哭泣,要求吃奶,这是"本我"。当我们饿了的时候就要去花钱买东西,而不是碰到可以吃的东西就拿来吃,这是"自我",因为自我意识具有"避险性"——我们知道只吃东西不给钱会被揍,为了避免这个结果,"自我意识"要求我们给钱。所以,这是理智的"自我",比如"饿了么"的现金券或其他折扣券,会让用户觉得在你的平台买东西有这么多券可以送,这样我就可以省下更多的钱。这是一个精打细算的过程,也能说明人会因"自我意识"而觉得自己与动物有着天壤之别。这类策略适用于一些虚拟产品,比如教育培训、理财,等等。

所谓"超我"指的是泛道德、伦理角度的"我"。如果将"本我"概括为"我想要",那么"自我"就是"我能要",而"超我"则是"我应该要"。"超我"的形成是在外部环境,尤其是道德规范、社会取向等的影响下,作用于"本我"的结果。"超我"的特征是追求完美———种本性得到满足、现实能够允许、高度赞扬自我的心理集合,这会给用户带来一种心理或精神上的愉悦和满足。比如,很多活动都会跟公益结合在一起,因为公益本身就是一种超越自我的心理——我要这样做,就可以帮助更多的人,给人类带来更多的精神上的愉悦。比如,"新世相"的"丢书大作战"就是跟公益结合在一起,让大家觉得这是个公益活动,目的是唤醒人们爱读书的习惯。

消费群体是容易被影响的,影响消费群体来为自己品牌造势

一般而言,人群对负面情绪最为敏感,这样的情绪也最容易传染、扩散。弗洛伊德认为,一个群体是冲动且不安的,如果想对一个群体产生影响,最重要的不是依靠逻辑的论证,而是要煽动、重复,通过煽动情绪来实现目标。而在互联网的营销里,有很多品牌或产品都是靠着带动用户的情绪来获得关注。比如咪蒙的《致贱人》《职场不相信眼泪,要哭回家哭》等文章都是抓住了用户的切身感受,再用文字描述出来加以带动,这样就会令读者很有感觉,进而点赞、评论、转发。

为用户制造优越感,是你的品牌传播得更远的保障

什么是优越感?说得通俗点就是让用户倍儿有面子。而在营销情境中,就是让用户有个炫耀的场景。

比如知乎一年一度的"盐 club"活动,它是规模最为盛大的知乎用户聚会,而能被选为知乎"荣誉会员"的,都是在平台上经常回答问题并被大家认可的答主。而这个聚会也是很多知友梦寐以求的圣殿。能参加"盐 club"活动的用户,本质上都会获得一种优越感,一种可以炫耀的资本。

第 5 篇

技能学习

第 8 章

产品运营需掌握的七大技能与学习方法

运营人的成长目标是全栈运营,而成为全栈运营的前提是,你已经具备产品运营应有的技能和能力。一个具备学习能力的人,在任何时候都不会被替代,因为他可以不断调整自己,对环境的适应能力也就会比一般人强。本章主要是讲运营人应具备的能力,以及如何成长为顶级运营。

8.1　文字功底是产品运营必备的第一大技能

理论虽重要，但没有实践的支撑也是无力的。作为运营人，每天的工作杂而多，想在千百件事情中运筹帷幄，让它们有条不紊地进行下去，自身必须有过硬的技能。而这些技能就包括软技能和硬技能。

8.1.1　产品运营需要有扎实的文字功底

我觉得文案创造了一种声音，它也许吸引你，也许打动你，也许影响你。总之你听过了，就会产生一些小改变。这些小改变可能就促使了购买行为的形成；而一些大改变甚至可能改变你的价值观。这就是文案最本质的价值所在。

在"人人即媒体"的移动互联网时代，文案的能力与职责范围都需要新的定义，新的玩法，例如早年的凡客体，虽然都是公关人在推，但文案的确是可圈可点的。现在不管你是做内容运营还是做新媒体推广，文案撰写永远是基础能力。有较好的文字功力的人，在哪里都会受欢迎。而作为运营人，在互联网这种能力能快速变现的行业中，从设计广告语到撰写策划方案，想必都能在同批的小伙伴中脱颖而出。比如，通过在媒体上发稿子、在文学网站上写小说等，就能建立起自己的知名度。总之，文字功力好，价值非常大。又如iPhone的广告语"bigger than bigger"，中国内地地区翻译为"岂止于大"。不也被大家玩出了新花样吗？虽然在大洋彼岸的苹果公司很无奈，但这么做倒也让这"高端"的广告语有了新的生气。这就是文案的生命力所在，它让大家乐于接受，才是文案的价值体现。

8.1.2　如何写好文案

我觉得运营人可以按照"产品——品牌——消费者"的三要素写好一篇文案。下面以前不久最火爆的共享单车为例。

产品——核心是提炼卖点，包括产品的特点及能带给消费者的好处。

例如：这辆车的车身是用什么材料制作的；车身有多重；车身的颜色代表什么；骑起来会不会很费力；骑行有无安全隐患；电子开锁装置及二维码在什么情况下会失效；对消费者的骑行会不会造成困扰。

品牌——核心是情感，就是产品的符号价值，品牌调性。

例如：这辆车宣扬的是什么理念；它的定位是否适合我这样的年龄；如果我说今天骑了这个品牌的车，周围的人会对我产生怎样的评价等。

消费者——核心是需求，无论"产品"还是"品牌"，其实都是为消费者需求服务的。

例如：消费者为什么要骑这辆车，他们看中这辆车的什么；它的外观够不够时尚，我骑上去之后周遭人怎么看我；我在上班、上学的路上到底需不需要它。

我们的每个消费者都可能有许许多多的需求，其中必然有着强弱之分。一条好的产品文案就是要抓住消费者最强的需求点，用他们喜欢的语言，把产品的利益点和品牌调性传达给他。

8.1.2.1 产品

产品跟消费者的需求是对应的。文案的本质就是帮助消费者解决问题。一个需求对应一个利益点，正如一个问题对应一种解决方式。

找到消费者需求之后，你要做的是深挖这个点，细化到情境、体验、感受以及解决方式。标准的模式是：用户会在怎样的情境产生这样的需求？他的内心感受是怎样的？产品的哪个属性可以帮他解决这个问题？解决之后他的状态会是怎样的？

将上面这一整个过程，用消费者能接受的语言讲出来，就是一条合格的文案。因为人的记忆有两个特点：一是有限；二是模糊。对于某个事物，它越特殊，越与众不同，越背离我们的认知，就越容易吸引注意力，被我们记住。另一方面，随着时间的推移，我们会淡忘某个事物的属性、参数，只会留下一个模糊的印象。而在塑造这个印象的过程中，我们对该事物的第一感觉起到了非常重要的作用。

因此，无限放大某个特点，产品会容易被记住；调动的感官越多，产品越容易被记住。当你想象一个情境时，可能需要调动到视觉、听觉、触觉，记忆的饱满程度远远高于一段文字，也就更容易留下长期记忆。因此，苹果公司当年为 iPod 制定的那句广告语——"把 1000 首歌装进口袋"，就比"容量高达 4G"更吸引人。

8.1.2.2 品牌

产品的使用价值不断趋向于同质，能打动消费者的不是产品本身，而是产品带给人的情感上的满足等附加价值。比如，可口可乐多年蝉联全球饮料界价值第一，企业品牌价值高达 700 亿美元。在中国，有人曾作过一个有趣的试验：让消费者试饮两瓶被撕掉商标的可乐，大多数消费者认为百事可乐比可口可乐好喝，但他们在购买时却倾向于可口可乐。这说明，可口可乐在文化和观念上带给消费者的认同要强于百事可乐。

8.1.2.3 消费者

消费者的需求是需要我们去挖掘的，我们在写文案时，往往要了解用户的内心想法，这样才能具有穿透力。

那么，我们又该如何发现用户需求呢？

打个比方，用户需求的挖掘过程就好比荒野猎人的生存指南：出门前要做哪些准备（包括正确的心态和认识）、出门之后如何逮兔子、打完猎回家后怎么把这些原始食材做成一顿富有营养的晚餐。

在现有环境下，我们把消费者需求分为六部分。

低价需求

低价需求是每个时代的用户都不会拒绝的需求，虽然现在人人都在喊"消费升级"，但我认为"消费升级"并不是单纯去考虑价格，而是在寻找体验度和价格间的平衡。如果市场上某些消费者很渴望完成某种购买，但因为花费巨大而不得不放弃或买个替代品，这时他们就非常渴望价格更低又好用的解决方案。

新颖性

如果市场上的一些消费者对过去某个一成不变的解决方案感到不满，就会渴望尝试更好的新东西。我们可以这样思考：我的消费者过去在做某事时，是否存在一成不变的解决方案，从而让效果受到了限制？我的服务能为他们提供更好的新选择吗？

便捷性

如果市场上有这样的消费者：他们渴望亲自完成某一个目标，但做起来却非常麻烦，常常需要付出很多时间、精力，这时他们就渴望有省麻烦、更便捷的解决方案。而他们的此类需求就是便捷性需求。便携性需求的本质是：降低消费者的非货币成分（相比较降价是降低价格成本）。

个人专属定制化

如果你的目标群体的个人需求有差异时，他们会希望你的产品能有专属于自己的功能或体验，因此我们就要主打定制化需求。需要注意的是，如果消费者的需求与主流需求差别不大，那么主打定制化就没用。

降低风险

如果消费者在购物前后担心存在某种风险，就会转而购买没有这种风险的竞品——他们想要获得100%的保证。我可以这样思考：在使用产品的过程中，消费者会遇到什么风险？我如何能消除这种风险？这时，我们就应主打降低风险的需求。需要注意的是，如果风险不是阻碍主流消费者使用某个产品的关键因素，那么主打这一需求就没用。

认知自我

2016年，罗振宇在跨年演讲《时间的朋友》中提到了"五只黑天鹅"的概念，其中一只"黑天鹅"就是"创造认知"。那什么是创造认知呢？很多消费者一直没有意识到做某件事的重要性，而你提示了他们，告诉他们这件事很重要（相当于给他们塑造了某个理想中的自我），而有了你的产品，他们做这件事就会更加容易，从而进行消费。简而言之，这是让用户知道，他需要找你的东西。现在，我们就要创造一个认知。显然，如果这个认知是你先创造出来的，那你就会在这个领域处于领先地位。这就叫"创造认知"。

当然，用户的需求当然不止这些，按照马斯洛需求层次理论，人类需求按层次从低到高分为五种，分别是生理需求、安全需求、社交需求、尊重需求和自我实现需求。我们在研究消费者需求时，可以按照这个理论去验证。在寻找本质需求的过程中，需要懂得"做减法"：剥去所有细枝末节和附加条件，追根溯源。

8.1.3 推荐的文案书籍

作为一名文案人，只懂向前冲是很鲁莽的表现，我们应该不断让自己的大脑保持新鲜状态。这时，我们就应该好好吸收前人的智慧。

约瑟夫·休格曼的《文案训练手册》

作为文案界的传奇人物，约瑟夫·休格曼享誉广告界。他的广告让无数顾客心甘情愿地掏出钱包。他的 JS&A 型录曾经是美国最大的专营太空时代产品的单本直邮型录。他在美国、欧洲、亚洲和澳大利亚都开办过文案写作的研讨班。

在本书中，休格曼总结了 15 个公理、3 个情感原则、10 个平面元素、23 个文案元素以及 31 个心理诱因。这也是本书大部分的内容。

比如，本书中提到，想要成为一名合格的文案，就需要有足够的知识储备，而知识储备是通过平时的积累来完成的，如博览群书、爱好广泛、喜欢旅行，精通很多技能，等等。而对知识的渴望、对生活无与伦比的好奇心、丰富的人生阅历、对工作的毫不畏惧……这些则是成为一个好文案的资格证书。在休格曼的研讨班上，他会让自己的学生去思考：好的文案的定义是什么？是能够精准地落笔成文吗？是能被教会的吗？要成为一名优秀的文案人，需要什么样的背景？有些文案人会告诉你，他们的很多精彩作品在落笔前就已于脑海里成型了。

此外，休格曼还提到，不要为初稿担心，通常初稿都是很糟糕的。在"磨炼"一篇文案时，你可能要增加些句子，或者删减些句子，甚至改变整个段落。初稿的作用就是让你去表达、去宣泄情感，写下它们，你就可以由此起航了。

本书有很多关于文案写作的思路以及如何提高文案水平的方法,很适合我们去研究、深读。

布隆代尔的《〈华尔街日报〉是如何讲故事的》

不花钱做运营的方式很多,而"讲故事"是文案人经常会用到的写作方式,其效果往往也是最好的。比如,大品牌比较喜欢用讲故事取得用户的信任,通过创始人或企业的成长故事,可以有效地体现出产品的理念与公司的价值观。

而在《〈华尔街日报〉是如何讲故事的》一书中,就讲述了怎么去讲好一个故事。书中指出,要想构思一个好故事,应该从四个角度来考察,分别是范围、主题、报道方式和报道角度。虽然这本书是写给那些有志成为记者的人,但这四个方面也能给我们这些需要好故事的文案人一点启发。关于这四个角度,这里就不展开说了,对故事型文案有兴趣的同学可以去翻来看看。

大卫·奥格威的《奥格威谈广告》

相信做文案的人没有人不认识大卫·奥格威吧!一般运营人写的文案有两个普遍的不足:

- 太"平"了,只是简单介绍了产品功能。
- 无助于促进用户行为,与产品销售等没有建立联系。

《奥格威谈广告》就是引导文案人去写出转化型的文案。很多时候我们学习的文案和创意都是以奥美为标杆的,而大卫·奥格威一手创立了奥美广告公司,开启了现代广告业的新纪元,他的作品以"创意"著称。

用户看到的是一句朗朗上口的广告语、一个标题或者非常干脆的一句话,但其背后不知凝聚了文案人的多少心血。而这正是我们存在的价值。要想把这价值无限放大,我们得把资深文案人的"降龙十八掌"尽快学到手啊!

8.2 一个运营人需掌握的营销推广步骤

营销推广是运营人必定会接触的模块之一,我相信很多运营人是从推广运营开始做起的，比如每天发微博、做百度问答、知乎、百度百科等这些 SEO 运营工作。还有的甚至做百度、360 等联盟的广告投放。这些工作看起来虽小，但在产品的营销工作中可占了很大比重。

那作为一个刚进入运营行业的朋友，怎么才能有规律、有节奏地进行这些早期的推广工作呢？

当下，绝大部分运营人都是这样做运营推广的：每天早上来到公司的第一件事就是打开电脑制作内容，然后投放到各个渠道上，包括免费和付费的。虽然这样做没错，但大家并不知道他们投放内容后的效果，也就是搜索引擎优化的效果，也不了解他们投放的渠道是否适合目标人群。而结果则是，没有直观的数据显示，就不能对投放的渠道进行优化。

而正确的运营推广过程应该是这样的：明确目标——明确用户——制作内容——选择渠道——数据监测——调整优化。

8.2.1 明确目标

做运营推广的时候，首先要明确产品所处的阶段。一般来说，一个产品需要经历四个阶段：产品初期——产品成长期——产品稳定期——产品衰退期，而每个阶段的具体运营策略都不相同。

以处于起步阶段的产品为例。此时处于种子用户推广期，APP 刚上线，市场上基本是空白，百科词条、官方微博以及相关的新闻报道都是没有的。同时，APP 的很多功能还处于初级阶段，只是个基础版，界面比较简陋、粗糙。对外的营销渠道、推广等也基本都是空白。这时，你可以将推广的目标设定为 1 万～10 万，用户量达到这个规模，至少需要 3 个月至半年时间。在这段时间里，软件好不好用、功能问题、适配问题以及用户反馈的问题，会让运营人看到自己的 APP 在哪些方面的问题比较多、需要改进。而推广人员在这几个月里的主要工作是建百科词条，搭建官方微博等。同时配合产品经理收集用户反馈，找出产品的问题，加速产品的更新和升级，让其功能更加完善，以提高产品质量。

8.2.2　明确用户

市场上的任何一款产品都是解决某些用户的某个问题的，换句话说，产品是对应某些人群的。所以在推广前，你对这个问题分析的越透彻，产品核心目标越准确，就越利于你的产品推广工作。

在分析目标人群时，我们一般可以按照年龄、收入、学历、地区等维度来定位目标用户群体。比如，我们可以把用户这样分：

- 常用用户特征：年龄、性别、出生日期、收入、职业、居住地、兴趣爱好、性格特征等；
- 用户技能：能熟练使用电脑办公，外语能力强；
- 与产品相关的特征：购物习惯，年度消费预算等；
- 交友类：是否单身，择偶标准；
- 游戏类：是否喜欢 3D 游戏，是否有同类型游戏经验。

比如，"简书"的定位人群主要是大学生以及新白领职场人群，"小红书"的用户定位主要是一线城市的用户为主，以学生、白领居多，而女性又占到 70% 到 80%。在用户分析的基础上去做运营以及进行一系列广告投放就不会盲目，能够更加精准地投放，获取更加精准的用户数据。

8.2.3　制作内容

我们在进行内容制作的时候，切记不要"填鸭式"地填充内容，这样虽然能达到一定程度的内容优化，但离真正做到转化还差得很远。

很多时候，我们都是一个人在编制内容，而这是效率不高的体现。在进行内容制作时，更多的是需要一个团队来对各个方面的信息汇总。应该专人专岗，让每个人发挥自己的最大潜能，而作为管理者的你，还需有强大的项目管理能力。因为具备项目管理能力的人，至少知道怎么把握项目进程，该和谁沟通什么事情、怎么去沟通。这些能力在任何一个项目制的岗位上都是利器。

你还需要理解 SEO 的原理。我们不需要编辑会做 SEO 项目，只要懂得其中一些原理就可以。因为编辑要和内容打交道，那就意味着他要和关键词结成"伴侣"。而一个有 SEO 理念的编辑知道在什么时候、什么地方，用什么形式去把这个元素给体现出来，从而在搜索引擎和读者间找到一个平衡点。意识很重要，至于操作好坏，只是经验问题。

一个好的编辑不是一个不爱玩或不社交的人，而应该是赶潮流、知道虚拟世界的样子和活法的人。因为新时代的内容营销最怕的就是内容生硬、无趣，如果你懂得各种社交工具也总参与其中，那就不会"过时"，写出来的东西就会有更好的趣味性，也更容易被身边的人接受。

8.2.4　选择渠道

互联网发展至今，涌现出的推广渠道数不胜数。所以，选择一个好的渠道决定了传播的效果。而说什么故事，用哪种方式呈现传播效果会最佳，对于渠道的选择就显得尤为重要。比如对公司创始人的采访，我们可能更倾向于行业以及传统媒体中权重高的媒体，这样有利于大面积地带动传播。对于产品的发声，我们更倾向于科技类的新媒体，这样在行业内能引起更大的关注度。而对于话题性的新闻，我们更青睐于大型门户类网站，比如微博。对于自媒体领域，由于各家实力参差不齐，选择有中立观点和实力派的自媒体发声，也不失为好的选择。但对创业公司的产品来说，自媒体这个宣传渠道并不是性价比最高的方式。而对于电视媒体，选择和你潜在用户相吻合的节目，是能让产品快速呈爆发式增长的途径。

8.2.5　数据监测

在做推广之前，你需要对用户的各种数据有详尽的记录，这是半点都偷懒不得的。那怎么对这些有用的数据进行记录呢？重点在于可区分、可追踪、可记录！

在网站流量分析中，主要包括访问来源、流量入口（落地页）、广告（搜索词）等内容。首先，访问来源包括直接访问、外链、搜索引擎和社交媒体等。在这个分析框架下，需要一层一层拆解，具体到对每个渠道进行流量分析。以某博客为例，一个内容运营的子站，上面有很多数据分析和产品运营的文章。通过分析访问来源，我们发现相比于其他渠道，从微博过来的用户在数量和质量上都偏低。在运营资源有限的情况下，我们可以重新规划一下媒体推广的策略，把精力放到高质量渠道上。

其次，落地页的分析对流量来说也至关重要，因为落地页是用户到达你网站的入口。如果用户被导入到无效或不相关的页面，一般会有较高的跳出率。

最后，广告投放也是目前流量运营的重要部分。一般所说的广告分析包括广告来源、广告内容、广告形式（点击、弹窗、效果引导）和销售分成等，我们通过多维度的分析来优化广告投放。上面的三个因素主要是在 web 端的分析，而对于 APP 分析，需要考虑分发渠道和 APP 版本等因素。

在增长模型中，流量进入后还需要进一步激活和转化。激活在每个产品中的定义都不一样，需要一定的流程和步骤。通过"转化漏斗"，我们可以了解每一步的过程。在进行一系列的流量分析和转化分析后，我们可以制定与之对应的策略，具体方式包括搜索词、落地页、广告投放优化等。

8.2.6　调整优化

在拿到数据报表之后，对于用户主要来自哪个渠道，哪个渠道的用户质量比较高，我们就能一目了然。接下来我们需要做的事情就是对这些渠道进行优化。下面我们拿热图来举例。

首先要明确一点，热图不是工具，而是系统，是多种发挥不同功能的工具的有机集合。既然是一个系统，热图当然有自己的关键指标。

第一类关键指标是用来标示人们点击行为的

由于人们的点击行为具有相当的随意性，所以点击又可以分为链接点击、非链接交互点击、空白点击三类。链接点击就是有一个实际存在的 http link 的点击。非链接交互点击是指那些同样可以点击，但却不是 http link 点击的，比如 JavaScript 的互动、flash 互动之类。空白点击是指点击行为发生在没有链接或互动的地方，即"点了白点"的点击。

与我们网站分析中常用的 PV 不同，热图衡量点击行为的度量就是点击次数。但由于部分工具不直接监测鼠标的点击行为，因此，热图中所标示出来的点击次数实际上并不是真正的点击次数，而是点击这个链接后打开的新页面的 PV 数。

好的热图工具应该衡量真实的点击次数，即不仅是点击链接的次数，同样要包括非链接交互点击和空白点击的次数，不能用点击后打开的新页面的 PV 数来代替点击数。

第二类关键指标是人们在页面上的浏览行为

由于网页通常不止一个屏（就是不能在一个显示器屏幕中全部显示出来），所以人们要向下滚动网页，以查看全部内容。热图系统应该记录页面被人们滚动的情况，这是浏览行为的重要部分之一。此外，热图系统还应该展示网页的哪个部分在屏幕中被显示的时间更久，从而帮助我们了解页面的哪个部分会被人更细致地查看。

我记得之前有几个网站的"相关链接"部分放在了左边，但从用户的点击行为可以看出，用户更倾向于点击右边的"相关链接"。于是，之前"36氪"的 PC 端和好几个网站的"相关链接"本来是在左边，后来都移到了右边。通过这个例子，我们可以看出，数据分析能对一个网站进行很好的优化如果没有数据分析，我们就无法得知用户的行为，也就不能很好地优化一个产品。

8.3 如何用一款 APP 培养产品思维

我之前看过一篇文章，大概的意思是说：未来产品和运营间的界线将会越来越模糊，产品经理也会做很多关于运营的事，运营人也要懂得很多产品经理掌握的技能。

现在很多运营人都会说自己并不知道自己的工作是属于产品还是运营，总觉得自己什么都做。特别是在创业公司里，每天对着用户聊天，可在得到用户反馈后或对 APP 进行升级改版时，自己还得画原型、写需求文档。所以，如果你说你是 100% 做运营的也没人相信；如果你说你只是一个产品经理，你可能还得去做市场调研、商务拓展，所以现在可被轻松定义的 100% 纯工作越来越少了。

在这个趋势下，我们就得逆流而上，不应该给产品和运营分个"你我他"！而是跨界学习更多的知识。特别在你想往高阶运营上走的时候，纵向学得要深，横向知识也得拓展。这里的"横向"指的是你应该在运营以外学习产品的能力，也就是是产品思维的能力！

8.3.1 什么是产品思维

很多讲产品的书对产品思维是这样解释的：以用户心理需求为出发点，结合公司自身能力及市场多元情况制订的面向市场可使商品价值最大化的方案计划思维体系。

如果你觉得听不大懂这个专业解释，我可以将它"翻译"为：把自己也变为"小白"用户去使用产品，然后形成一套把产品价值最大化，同时兼顾用户价值以及社会价值的可执行产品方案。也就是说，我们做运营是在跟用户打交道，但应该把用户和公司价值联系起来，而不是为了运营而运营——这是无目的的运营。运营的终极目标还是产生价值。

学习产品思维是一个漫长过程，而不是速成的。这是一个学习曲线。具体最后能否获得产品的思维，还是得看自己。说到产品思维的深度点，那就是经济学问题。产品的产生并不是为了改变世界，归根结底还是市场的利益驱动。所谓的需求，并非马斯洛说了 5 大需求才有的，而是在日常生活中，人们在评估生活的成本和回报时，不自觉地作出自己认为对的选择。比如 IM 的商业模式大部分是通过满足沟通的需求，然后占据大量用户进行增值服务。而电商平台的商业模式大部分时候其实是如何平衡商户和买家的关系。在这里我们不对产品思维进行深度研究，而是表述产品思维是什么，以及带着产品思维做运营有什么好处。

8.3.2 如何锻炼自己的产品思维

我们首先来看看图 8-1 的 3 个 APP 的 logo，你认识它们吗？如果 3 个都认识，那你应该是个产品感还不错的人！但是，拥有产品感只是学习产品思维的第一步！

图 8-1　3 个 APP 的 logo

如果你下载了一个新的 APP，你会怎么去使用它？如果我没猜错，很多人先打开 APP，匆匆看两眼 UI，如果觉得还可以，就会继续尝试其他的功能，看有没有觉得好玩的，如果有就注册试试，如果没有就基本放弃了。

但作为一个运营人，如果你想重点培养自己的产品思维，我觉得应该秉着以下 4 个原则去做：

多问 & 多做 & 多整理 & 多对比

下面我们就拿 APP 举个例子。

在使用一款 APP 之前，我们先问问自己这些问题：

- 这款 APP 是如何吸引到你的注意力的？
- 是朋友推荐吗？
- 他为什么推荐给你？
- 还是你在一篇文章中看到了这个 APP？
- 如果是，是什么促使你去找到这款 APP 并下载了它？
- 它的图标或名字吸引了你吗？
- 你以前听说过它吗？听说过几次，为什么当时没有下载而现在下载了呢？
- 在使用之前给这款 APP 一句话评价，你会说什么？

问完问题之后，我们就带着刚才记在笔记本上或脑子里的问题，打开这款 APP 开始使用。我们尽量按照正常的使用时间（可能是几分钟也可能是半小时）来试用，然后问自己以下几个问题：

- 产品的开始界面或注册体验怎么样？
- 页面跳转、看按钮设计、信息内容排布是否用起来顺手？
- 界面设计是什么设计风格？用户喜不喜欢这种设计风格？
- 文案内容是否根据用户群体划分？

然后用思维导图把产品的整体架构表现出来，这个整体架构的核心需求要较少的进入级数，其他需求根据用户优先级一般会在二三级，APP 一般不会超过四级。

大部分人对于产品的印象都是在头几分钟内形成的，回顾这个过程能让你更好地理解一款 APP 是如何创造价值、方便使用、让人感觉到开发者的用心的。而当我们在试用此 APP 的几天甚至几周后再次使用它，就能看出产品的持久度和成长性。这时你再默默地思考：

- 这款 APP 与其他类似的 APP 相比如何？
- 哪些地方做得更好，哪些地方不好？
- 你为什么愿意选择这款 APP 而不是另外一款？
- 其他人怎么看这款 APP？

- 人们在网上是如何评论它的？你身边的亲朋好友是如何使用它的？
- 别人的评价与你的看法吻合吗？如果不一样又是为什么呢？

基于你所了解的这些，你认为这款 APP 在一年后会发展成什么样？把你的真实想法记录下来并保存好，这对日后的总结分析非常有用。

一段时间以后，看看你之前的评价是否正确。如果没有，为什么？你的个人喜好与市场表现有何不同？你一定要理解这一点，这样未来你才能合理地修正你的看法。

当然，你可能没有完全按照上面的流程去检验一款 APP，其中间的很多步骤也可以省掉，但可以肯定的是，你在使用一款 APP 时，多问问有关这款 APP 的一些结构层、范围层、表现层等方面的问题，你对产品的熟悉度以及掌握度将会游刃有余，你在思考以及检验一款产品的过程，其实就是你修炼产品思维的过程。

产品思维的修炼不是一朝一夕的事情，而是需要一个长期的过程，自觉地去训练它，这样才会卓有成效。切忌"三天打鱼，两天晒网"，而是要保证较强的执行力。总之，如果作为运营人的你想在 3～5 年内与其他人拉开距离，那"具有产品思维能力"可是必修课！

8.4 沟通不到位，再好的运营策略也白搭

沟通是一种人与人之间、人与群体之间思想与感情的传递和反馈的过程，以求思想达成一致和感情的通畅，沟通的目的是为了让信息对等。作为一名运营人员如果能更好理解产品、设计的想法和理念，对于日常合作非常有利。沟通有多重要？在公司内部，运营者横向需要跟与自己同级的产品部、研发部、市场部、设计部的同事沟通；纵向需要跟上级领导或自己的下属沟通；对外更需要与合作伙伴或甲方、乙方沟通。比如运营者提了一个用户群反馈的有利于产品改进的需要，但若是产品经理并不知情，便无法充分发挥产品经理的作用，也不能让产品经理体会到运营者的良苦用心，而运营者必须进行有效的沟通来实现产品经理对需求的认同，这些需要下功夫去重视。同时需要学会换位思考，

了解产品经理需求的出发点和目的性，这样才能形成良好的互动。

另外，尽量避免单纯的口头沟通，结论等需要落实的细节应该形成文档，必要时需要明确沟通双方的责任。事实上，职场摩擦不可避免，心态端正才能妥善解决。

那作为运营人，应该如何高效地跟同事沟通？

8.4.1　相互信任，是双方有效沟通的前提

比如，你今天计划做个线上活动，需要设计师做张高端的海报。绝大多数情况，经过专业训练的设计师的审美肯定要比我们好，如果你去找设计师设计海报，却还要怀疑设计师的审美，那就是怀疑他的专业性，这样肯定不能构成平等沟通的基础。除非设计师的水准无法保证，那就是公司招聘的问题了。

就拿我跟我们设计师来说，每次做活动时，都要设计入口图、海报，那时我只提需求，把文案告诉他，给他个方向，告诉他我想要的效果，然后就完全交给他。如果中间出现问题，我们也会及时沟通、解决。所以，要信任对方，对方在尽力做到你想要的。

8.4.2　口头说明很重要，但是书面表达则有理有据

运营是跟用户靠得最近的岗位，所以运营知道用户需要什么，这时运营就会给产品或技术提需求，比如给 APP 加个"分享"按钮。但是有很多运营人都会提"一句话需求"，直接截个图标注出来说加个按钮，以此来"打发"产品部或技术部，如果产品部同事对你是很了解，能心领神会还好，但大多数时候都没有这样好的事。如果产品部或技术部不理解你的意思，不明白你为啥这样改，说"我觉得这样更好"，然后你们就会进入无休止的口水战当中。

在我们提需求时，除了口头说明外，再附上一份需求文档，说明有需求之

处为什么要这样改，这会大大降低后续的沟通成本。

8.4.3　我们需要的是对等的沟通，不是命令式的沟通

沟通是一门艺术，更是一门技术。如果你跟下面一个这样的人沟通，会跟他沟通多久呢？

"你想要什么样的？"

"大气的。"

"这个可以吗？"

"不行。"

"哪方面不行呢？"

"反正就是不行。"

看完这个对话，是不是感觉这个对话无法继续呢？我相信这样的对话在大多数公司里都出现过，为什么呢？我们试着想一下，在工作上，我们主动找人沟通，无论是与上下级还是跨部门协作，抑或是跟用户、外部合作伙伴、甲方/乙方谈，必然是"有事要找对方"。既然"有事"就必然意味着，双方都需要"付出"，所以这是一种对等的沟通，而不是谁求谁、谁又欠谁的。若是这样，那沟通则毫无意义。

8.4.4　多站在对方角度去想好问题再去想沟通的方式

比如我想让设计师帮我做个logo，但设计师是个刚来的新人，虽说在技术上还可以，但让他给你意见时，可能就不会那么顺利，因为他见的好作品不多，在设计思维上不那么专业，这时你就得站在设计师的角度去讲你想要的效果。此时你就可以引导他对需求进行具象化描述，比如用"我感觉这个logo可以做得偏动漫风一点""我觉得你现在这版在颜色和字体上缺少年轻向上的感觉"之类的话。让对方明白你的需求是"再活泼点"，而"活泼"是可以一点点地来具体描述的，这样设计师就可以做出你想要的效果了。

以下还有一些提高沟通水平的技巧。

尽量用"嘴"去沟通

尽量放弃那些网络沟通渠道，比如微信上的文字聊天：方框字即便穿插着表情符号也不一定能完全表达出你的真实想法，加上汉字的博大精深，以及个人对文字理解能力差异，很可能让人曲解你的本意。

所以，跟领导沟通工作，最好通过电话或当面聊，可以用微信语音沟通面谈时间；跟同事反馈工作内容，如果必须使用邮件，你也可以用电话做告知：邮件已发送，有空时请查收。如果你仍不知道在什么情况下选择语音形式，那就尽可能地使用"见面"这种形式。因为见面时你可以用表情、声音、肢体语言表达更多、更全面的真实想法。这也是很多小伙伴听过我的声音，觉得真实的我跟文字中的我完全是两种人的原因。

了解对方的沟通风格，并且认可和接受

比如你的领导是喜欢思考的更清晰、更细致，做到更有保障风格的，那你跟他沟通时就应该有时间节点、有数据，方案全面、注意细节。跟不同的人有不同的沟通方式，在跟他们沟通时要先了解清楚。

不要总是你在说，而要学会去聆听别人的意见

不太会沟通的人，多说多错，不如不说。但你又不能完全不说，那样会显得不尊敬别人。最好的回复方式就是，认真地倾听对方在说什么，用姿态、眼神表示对他说话内容的关注和好奇，然后追问"还有呢""然后呢""接下来呢"。比如，你跟技术部提需求，其实一直都是你在说，而对方只是聆听者，这是不健康的沟通，是有问题的沟通。如果你跟技术部提出了一个修改需求，而在他们看来这对产品发展是不利的。此时，如果你还是很自信，只相信自己的感觉，对团队对同事间的关系也是一种伤害，甚至还会危害公司的利益。

之前有个做运营的小伙伴加了我微信，然后就直接开始诉苦，说自己现在在公司做运营，领导不支持，资源不充足，做什么都缩手缩脚……噼里啪啦讲了很多。但真正的问题就只有一个——跟领导的沟通不够多，领导不理解你做了那么多到底有没有用。其实对很多小伙伴来说，领导对运营的本质作用都不太了解，这时你就是沟通的桥梁，应该负起这个责任，跟领导进行对等沟通，即使在沟通后没有争取到理解和支持。

8.5 我们来看看小宇的目标梳理能力

时间：2017 年 1 月 6 日

地点：中国内地

人物：小宇、小宇的老板

产品：工具类微信公众号

老板："小宇啊，我们的微信粉丝现在大概有 2 万多一点，为了能配合公司年后的战略目标，我需要你把公众号的粉丝在年前做到 3 万，你看有什么法子可以实现？"

小宇：啊，现在离过年只剩下不到 20 天，这个……好的，收到！

小宇内心：什么鬼？都快放假了，还让不让人活了……

我相信这是很多做新媒体运营的小伙伴经常会遇到的情况，也是吐槽得最多的地方。老板站着说话不腰疼，随便一个指标就得压死我们！在我的朋友中，也有一些人在大公司做微信公众号运营，他们吐槽得最多的也是：在资源不充足的情况下，还要粉丝增长，这不是又要让马儿跑得快，又不给马儿吃草吗？

既然 KPI 都下来了，就没有收回的希望，只得默默承受吧！那应该怎么样去实现这 1 万的粉丝增长量呢？

小马宋老师的一篇题为《真正的高手是如何解决问题的？》的文章里提到，现在很多公司的老板都说自己的企业做事情是以结果为导向，但在真正研究过之后，才知道他们都是以方法导向的。比如在新媒体传播中，广告公司的提案几乎千篇一律：KOL、事件营销、H5、病毒视频、微信微博，等等。其实准确地说，这些人并不是在提方案，而在罗列方法，里面并没有解决问题的真正方案。这也是我们创业公司经常会遇到的事情：大家每天都在罗列方法，而没有想到目标是什么。什么样的目标就得配什么样的方法，没有对症下药，既浪费了我们的时间，工作的价值也没体现出来。所以小马宋老师就说，我们要以"先结果后方法"的原则去做事情——先知道我们的目标在哪里，然后再去设计相应的方案。通常我们在接到通知时，老板一般都会给我们定个目标，然后再去执行。就像上例中的小宇，老板要求他不到 20 天内微信涨粉 1 万，这就是结果。

知道结果之后，小宇接下来要做的就是执行。在执行前，小宇得先知道有哪些渠道是可以增粉的，所以他就得开始罗列之前以及现在一直用的渠道，还要找到自己没有用过的渠道。下面是小宇罗列出的几个关于微信涨粉的渠道。

- 策划线上活动
- 软文投放
- 线上公众号互推
- 线下地推
- 粉丝社群
- 新媒体平台引流
- 付费推广
- 社交平台推广

接下来要遵守"二八原则"，刷选出那小部分来粉的渠道，重点投入。移动互联网发展到现在，已经出现了明显的分水岭，头部的平台占据了 80% 的流量，而占渠道的总数不到 20%。所以我们想要微信公众号的粉丝飞速增长，应该紧紧抓住这 20% 的头部平台，投入 80% 的资源去获取。

在罗列出这么多的推广渠道后，小宇想着不可能每个都拿下，而是应该根据自己平台的定位以及对渠道的把控，去选择适合自己微信公众号的方法，这就是选出最优方案。这时，他把几个适合平台调性，并有利于快速涨粉的方法详细地做了个优先级排序：

- 策划线上活动
- 写质量好的文章投稿
- 公众号互推
- 自有粉丝增长

8.5.1 策划线上活动（预计增粉 4500）

策划线上活动无非是现有情形下积累粉丝最快的渠道了，一场好的活动能够迅速获得关注并获得大量粉丝。

小宇和他的团队给出活动排期，并初步确定活动主题、时间点。根据自身活动的历史数据，竞争对手的力度以及市场的整体预期进行调研，确定活动的力度。

确认活动的流程方案，以及具体的执行对接方案。其中包括活动怎么呈现、选品规则、活动预热及推广，并根据活动设想制作网页原型。与部门领导以及产品人员协商讨论并确认后，开始进入流程执行阶段。

提交确定版的原型图、文案、主题和设计与前端对接，开始设计活动页面。与设计师保持密切沟通，尽量让设计师或前端设计师明白你想要的效果。如果此阶段沟通不畅，会使得设计师或前端设计师反复改图，造成工作量与工作时间的巨大浪费。所有的设计效果尽可能在设计需求还没完结时进行修改、确定。

根据前期确定好的选品规则收集选品，并提交前端设计师（无通用模板的情况下），等待对方给出最终页面的链接，根据呈现方式、美感、搭配、价格、销售等因素调整产品铺排顺序，当然此环节完全可以在提交前完全确定好。

确定推广渠道：SEM、微信公众号、微博、SNS、网盟、硬广、短信 EDM、DM 单页，push，等等。

活动正式上线，此时应实时监控页面流量数据、点击数据、转化数据。同时更换高流量低转化选品，将低流量高转化选品调整至显眼位置，以此来提高点击率。

8.5.2 撰写优质的文章投稿（预计增粉 1500）

在内容运营这方面，小宇一直都表现不错。而且他觉得现在是"内容为王"的时代，好的内容可以吸引用户来关注公众号。所以，小宇开始做接下来 20 天的文章选题策划。由于自己的公众号是工具型的，所以写干货型的文章再适合不过。而且从调查结果来看，用户也热衷于技能干货型的文章。

确定方向之后，他又策划好接下来 20 天的文章选题内容，接下来就是投放渠道了。除了在自己的微信公众号首发以外，小宇还可以将这些文章投放在第三方媒体平台，包括今日头条、搜狐、网易、UC、天天快报、百家号、简书、微博、知乎等自媒体平台上，获得优质推荐。另外，小宇还可以写一些运营心得等干货型的文章，向一些垂直类的网站投稿，以获得首页推荐及微信公众号的转发，这也是重要的粉丝来源。

8.5.3　公众号互推（预计增粉 2000）

公众号间的互推一直都很流行，而且屡试不爽。小宇在进行公众号互推的时候，首先要去找到合适的公众号。由于自己的粉丝不是很多，所以找大号来跟你互推是不太可能的。因此，他要找跟自己的粉丝相近的号来互推。

在找互推的公众号的时候，通过朋友介绍、新榜搜索关键词以及之前累计下来的资源，小宇在微信群、QQ 群找到了几个比较符合要求的公众号进行合作，然后就是确定几个好的互推方式了。互推的方式有很多，主要包括自定义菜单引导互推、被关注自动发消息处互推、阅读原文互推、文末互推等。最终小宇选择了以多图文方式直接互推，因为图文方式涨粉最快，但也比较容易掉粉：图文直接呈现在用户眼中，对粉丝的影响比较大，因为粉丝关注你，最主要是要看你的内容，偶尔发一条广告或互推没有关系，但如果长期发，势必影响粉丝体验，掉粉可能也会比较厉害，有可能导致得不偿失。尽管如此，小宇还是选择了这个方式，因为风险越高收益也越大，他相信自己的内容策划能力。

8.5.4　自有粉丝增长（预计增粉 2000）

自有粉丝增长指的是公众号本身就有粉丝基础，每次在推文之后都会通过粉丝的转发获得其他粉丝。自有粉丝的主要增长来源有两块：一是用户转发，二是别的公众号觉得你的文章质量很高,想要转发,这就实现了通过对方的平台引流粉丝。而自有粉丝增长最重要的因素是就是内容,因为好的内容大家都会转发。小宇也深知这个道理,所以在文章选材上面他也下了很多功夫,比如他确定了 2 个原则:

一定得是干货型的文章

这个大家都知道,干货型的文章转发率是很高的,而且被其他公众号发现的概率也很大。所以干货型的文章一定要很实用。

文章的选材尽量蹭热点

在现在的移动互联网上,每天都会产生相当多的热点,我们可以通过去搜索百度指数、搜狗微信、微博热榜;还有一些自媒体平台的舆论指数,比如今日头条媒体实验室、UC 舆论、百家号舆论指数、微博微舆论等,就可以知道当日的热点是什么,用户又在关注什么。而在执行操作的时候,最重要的就是数据监控,没有数据的监控就是"失控"的,也就是说你不知道增长情况怎么样;按照这个进度能不能按时完成计划;如果完不成,通过数据分析该怎么做。这就是有数据分析和没有数据分析的最大区别。

8.5.5 小宇的数据分析

小宇每隔两天就对微信公众号进行相关数据分析,对微信公众号数据分析主要集中在用户分析、图文分析、流量分析、菜单分析、活动分析上。

首先是用户分析,用户分析可以分为用户增长、用户属性分析。

用户增长分析

包括关注、取关、累计人数等,主要分析用户近期变化的趋势是怎样分布的,变化的原因为何。此外还要分析和上一个周期的同比情况,变化的原因为何。无论是上升还是下降,你都要分析数据并找到原因,这都是运营公众号的宝贵经验,能为之后的工作提供很多思路和依据。

用户属性分析

后台的数据包括性别、省份等信息。我觉得分析用户属性是很有趣的,比如性别占比，假如你公众号和汽车相关，这周女性粉丝突然涨了很多，是不是最近公众号做了什么活动呢？而我的公众号男性占比 72.46%，是因为我的公众号跟互联网科技相关，所以关注者多为男性吗？这也不奇怪，你的公众号什么样，需要你自己分析。再比如新增用户多来自哪些省份、哪些城市，以及形成此种分布的原因，我们也要做详细分析。

分析用户属性可以帮助网站或产品更好地定位目标用户，也帮助运营者更好地了解用户，为以后做营销、活动等奠定很好的数据基础。

图文分析

基础：主要图文页阅读、原文页阅读、互动数据（分享、转发、评论、收藏等，可以评判图文的质量和与粉丝互动的质量）；

延伸：本月一共几篇文章，文章类型怎么分布，以此来评判工作情况。

流量分析

主要分析用户是通过什么渠道关注公众号的（辅助你了解怎么去推广公众号）、阅读图文的流量都来自哪些渠道。

菜单分析

一般公众号菜单都设置了网站、平台想要突出的内容，以及需要展示给用户看的内容，所以菜单的点击情况也很重要。菜单有多少用户点击了？是不是达到预期了？每个菜单模块点击数据是如何分布的？通过这些，一眼就能看出用户对什么内容更感兴趣，以此作为依据，可以对菜单内容进行调整和修改。

活动分析

后台是没有这个数据的。对于我们而言，微信上的活动一般是配合网站的活动，作为网站活动的宣传平台。因此，我们可以统计下活动期间微信的数据，和平时数据做个对比。举个例子，比如我们之前做了一个活动，主要分析的维度有以下这些。

了解活动单篇宣传文章的阅读量、曝光量、互动等数据，并和平日的平均阅读量、曝光量、互动等数据做个对比；除了阅读量以外，要知道我们是电商，更关注单条信息带来了多少购买转化，并和平日的购买情况作对比；若活动是分期进行，还需要对比不同时期的活动数据，然后去总结经验。

8.5.6 运营目标梳理时要注意的 3 点事项

运营目标分解应按整分合原则进行

也就是将总体目标分解为不同层次、不同部门的分目标，各个分目标的综合要体现总目标，并保证总目标的实现。比如你拿到一个运营指标，不要想着自己一个人能干完，运营是一个团队的事情，而是要先给这个总目标细分成不同阶段的目标，然后再分配到每个人、每个部门的身上。

分目标要与总体目标方向一致，内容上下贯通，保证总目标的实现

在执行目标的时候，时刻想着自己的目标不是为了某个细分目标，而是你的每个步骤都是为了实现总目标而服务的，也就是说要有全局观。

在分解目标时，要注意到各分目标所需要的条件及限制因素，如人力、物力、财力、协作条件、技术保障等

这是作为运营人的我们最应时刻关注的。我们在做运营的时候，都会遇到人力、资金支持不足，进而导致很多事项都不能按计划实现。所以，我们在制定细分目标的时候，也要时刻关注人力、物力、资金是否充足，领导是否能给到足够的支持，要不然一切运营都无从谈起。

最后给做运营的小伙伴们盛一碗心灵鸡汤。

一个大的目标在人们看来总是那么遥远，很多人甚至望而却步，其实把大目标分解成一个个小的目标就会有意想不到的效果！成功正是一个化整为零、循序渐进的过程，并非一蹴而就的坦途。比如一个普遍的现象：很多人容易颓废，觉得任务太难了完不成，于是产生了焦虑心理，只好选择暂时逃避，明天再做吧。于是明日复明日，一拖再拖。而一旦把任务分成比较容易的小块，化整为零，降低任务难度，摒弃放弃的心态，每天就能完成更多任务。

8.6 数据分析能力是未来运营的分水岭

数据驱动运营是未来运营的趋势，也是我们运营人面临的一个分水岭。在运营的刀耕火种时代趋于没落时，精细化运营变得尤为重要，数据驱动决策是我们运营人必须要面对的挑战，也是我们必须要掌握的一门技能。

但这也是让很多刚进入运营领域的新人头疼的问题，因为涉及它的数据分析方法、方法论、逻辑分析能力以及一些工具的使用，甚至就只是那一堆冗长数据，都是很多运营人员不愿面对的。本节我们就从如何获取、分析数据，以及应关注一款产品的哪些数据维度来介绍。

8.6.1 数据从哪里获取

在我们分析数据之前，就必须得有数据供我们分析，所以我们就得拿到数据，但怎么拿到呢？

数据的来源渠道主要有两种：

自有数据分析系统——公司自有的数据是最源质化的数据，也是最可靠、最全面的。一般而言，有条件的情况下都是以内部数据为准。

第三方数据分析工具——借助外部工具获得数据。

下面给大家介绍 5 款常用的数据分析工具：

1. 友盟

支持 iOS(苹果)、Android(安卓) 应用数据统计分析。

2. GrowingIO

GrowingIO 的强大之处在于，无须埋点就可获取并分析全面、实时的用户行为数据，以优化产品体验，实现精益化运营。

3. 应用雷达

仅针对 iOS，可查看 APP Store 总榜和分类排名，以及产品在 APP Store 里的搜索度得分，评判 ASO 效果的标准之一。

4. 百度移动统计

支持 iOS 和 Android 平台。另外，开发者在嵌入统计 SDK 后，可以对自家产品进行较为全面的监控，包括用户行为、用户属性、地域分布、终端分析等。

5. 酷传

仅支持 Android 平台应用监控。开发者可以查看应用在主流市场的下载量、排名、评分、评论、关键词排名等数据，还能系统地与同类竞品进行数据对比。

当然了，数据分析工具不止这 5 款，如果你们正在使用其他的也可以。使用分析工具，我们可以得到以下内容。

点击信息，包括没有与网站产生交互的信息；可直接生成链接的百分比，点击分布图和热力图；可统计用户的悬停，将用户潜在行为可视化。

获取数据的方式其实多种多样，关键在于，作为运营人员要了解什么样的数据是重要的，对于这些数据的前后关联是怎样的，则是一个联动的过程，而非单一行为。

8.6.2 数据的具体分析

当我们从第三方的数据分析工具或者自家的分析后台拿到数据后，该怎么去分析呢？我相信很多运营人在拿到数据时，都是没多少思路的。要么"胡子眉毛一把抓"，要么无从下手，这些都是缺少分析思路的表现，需要宏观的方法论和微观的方法来指导。在我看来，我们进行数据分析时，应该先找到适合自己的方法论进行指导。主要会用到的方法论有以下几个。

- PEST 分析法：用于对宏观环境的分析，包括政治（political）、经济（economic）、社会（social）和技术（technological）四方面。
- "5W2H"分析法：何因（Why）、何事（What）、何人（Who）、何时（When）、何地（Where）、怎么样（How）、何价（How much）。
- 逻辑树分析法：把问题的所有子问题分层罗列。
- 4P 营销理论：分析公司的整体运营情况，包括产品（product）、价格（price）、渠道（place）、促销（promotion）四大要素。

- 用户行为理论：主要用于网站流量分析，如回访者、新访者、流失率等，在众多指标中选择一些适用的。
- AARRR（增长黑客的"海盗法则"）：精益创业的重要框架，从获取（Acquisition）、激活（Activation）、留存（Retention）、变现（Revenue）和推荐（Referral）5个环节增长。

数据分析的方法论很多，这里不能一一列举；没有最好的方法论，只有最合适的。下面我详细介绍一下AARRR方法论，因为对于精益化运营、业务增长的问题，该方法论非常契合。

对于互联网产品而言，用户具有明显的生命周期特征，我以一个APP为例阐述一下。首先通过各种线上、线下的渠道获取新用户，下载安装APP。安装完APP后，通过运营手段激活用户，比如说首单免费、代金券、红包等方式，使部分用户留存下来，并且给企业带来营收。在这一过程中，如果用户觉得该产品不错，可能会推荐给身边的人，当然我们也可以通过红包等激励手段鼓励分享到朋友圈等平台。需要注意的是，这5个环节并不是完全按照上面的顺序来的，运营者可以根据业务需要灵活应用。AARRR的5个环节都能通过数据指标来衡量与分析，从而实现精益化运营的目的，而每个环节的提升都可以使业务有效增长。

在使用这些数据分析方法论时，要明确它们的作用：

- 理顺分析思路，确保数据分析结构体系化。
- 把问题分解成相关联的部分，并厘清它们间的关系。
- 为后续数据分析的开展指引方向。
- 确保分析结果的有效性及正确性。

再比如，我们在分析APP的数据维度时，会用到趋势分析法，因为趋势分析是最简单、最基础、最常见的数据监测与分析方法。通常我们会在数据分析产品中建立一张数据指标的线图或柱状图，然后持续观察，重点关注异常值。在这个过程中，我们要选定第一关键指标，而不要被虚荣指标所迷惑。如果我们将分析得到的APP下载量作为第一关键指标，可能就会走偏，因为用户下载APP并不代表使用了你的产品。在这种情况下，建议将日活跃用户作为第一关键指标，而且只有启动且执行了某个操作的用户才能算上，这样的指标才有实际意义，也是运营人员要重点关注的。

8.6.3　产品需要关注的数据维度

我们都知道，运营人每天都会跟各种各样的数据打交道，哪一款产品都有哪些数据维度是我们经常会分析到的呢？

一款产品（特指 APP）的数据指标体系一般可以分为用户规模与质量、渠道分析、参与度分析、功能分析和用户属性分析。其中：用户规模和质量分析包括总用户数、新用户数、留存用户、转化率。用户规模和质量是 APP 分析中最重要的维度，其指标相对其他维度也最多，产品负责人要重点关注该维度的指标。

渠道分析主要是分析各渠道在相关的渠道质量的变化和趋势，科学评估渠道质量，优化渠道推广策略。现在我们要特别重视渠道分析，因为现在移动应用市场刷量作弊是业内公开的秘密。渠道分析可以从多个维度的数据来对比不同渠道的效果，比如从新增用户、活跃用户、次日留存率、单次使用时长等角度对比不同来源的用户，这样就可以根据数据找到最适合自身的渠道，从而获得最好的推广效果。

参与度分析是分析用户的活跃度，分析的维度主要包括启动次数分析、使用时长分析、访问页面分析和使用时间间隔分析。

功能活跃指标：某个功能的活跃用户，使用量情况；功能验证；对产品功能的数据分析，确保功能取舍的合理性。

页面访问路径：用户从打开到退出应用的过程中每一步的页面访问、跳转情况。页面访问路径是全量统计。通过路径分析得出用户类型的多样性、用户使用产品目的的多样性，还原用户的真实使用目的。我们通过路径分析做用户细分；再通过用户细分返回到产品。

漏斗模型：用于分析产品中关键路径的转化率，以确定产品流程的设计是否合理，进而分析用户体验中存在的问题。对用户转化率的分析主要考察模型中每层的流失原因。通过设置自定义事件和漏斗来关注应用内每一步的转化率及其对收入水平的影响。通过分析事件和漏斗数据，可以针对性地优化转化率低的步骤，切实提高整体转化水平。

用户属性分析：不管在产品启动初期，还是战略调整上，分析用户画像都有着重要的意义。比如我们在产品设计前需要构建用户画像，指导设计、开发、运营；产品迭代过程需要收集用户数据，便于进行用户行为分析，与商业模式挂钩，等等。

用户属性一般包括性别、年龄、职业、所在地、手机型号、使用网络情况。如果对用户的其他属性感兴趣，可以到自己的微信公众号后台或诸如头条、UC等后台查看用户属性都包含哪些维度。

以流量为中心的野蛮运营时代已经结束，接下来是以科学的数据作为依据，围绕着用户做精细化运营的时代。

8.7 对商业的分析是运营人最高层次的能力

商业分析能力是一种很宽泛的能力，大到国企、咨询公司、企业智囊，小到店铺老板、淘宝店主，或多或少都具备一种对自己的本行进行商业变现分析的能力。这是一种通过分析竞品、大环境以及其他因素，得出一种或多种有利于自身发展或赶超对手方法的能力。

如果你读马尔科姆·格拉德威尔的《引爆点》，就知道Instagram在早期做推广的时候是运用了个别人物法则。因为运营者找的目标用户都是摄影师群体，而他们都需要一款更好的拍照APP；其次，摄影师拍摄的照片更容易产生传播效应，且他们更愿意分享自己的作品到各大社交网络上。所以Instagram很早就拥有了非常快的传播速度。

如果你读过史玉柱的《史玉柱自述：我的营销心得》，就知道为什么彩虹糖只有5种味道。因为一位商业人士曾经卖过18种口味的彩虹糖，监测过各款口味的销售数据，并且做过深入的消费者调研，他很清楚顾客喜欢什么口味，所以最后只选取了这5种味道。

当你读完世界上所有商业思维的书籍，就会有商业分析能力了吗？答案显然是否定的。大家会说理论加实践才是学会一个技能的关键。如果只是纯理论，而缺少实战经验的话，可能在全局控制、大局观上略逊一筹。

8.7.1 实战经验的商业分析

一个音频类的 APP（后称甲）在其垂直领域刚开始生存得好好的，可是，当这个领域越来越火时，很多企业涌入并打起了"补贴战"，吸引用户使用自己的 APP。其中有一家（后称乙）攻势尤其明显，上升势头一度超越甲。在不到半年的时间里，甲的市场占有率开始急速下降，盈利率也几乎变为负增长。甲的市场负责人必须做出反应。这时，甲的市场团队开始大量研究竞品，尤其是乙：为什么同样有大量补贴，它的增长会如此迅速。他们通过线下调查、线上数据收集、竞品公司朋友等渠道收集了大量关于乙的市场投放战略以及相关资料。通过分析这些材料，得知乙目前除了大量的用户补贴外，还为用户运营、社群以及公司内部建立了严格制度，团队具备非常凶猛的狼性，所以在市场拓展上节节胜利，咄咄逼人。

在分析了乙的发展战略之后，甲迅速调整战略部署，严格选拔出优质的市场团队，并建立起良好的薪酬制度，鼓励员工在用户运营、活动运营上不断标新立异，迅速聚焦用户的眼光，把失去的用户重新拉了回来。

我认为甲公司的团队把公司从死亡边缘拉回来，并能持续盈利，体现了他们商业分析能力的价值。作为运营人，我们也需要这种商业分析的能力。很多人可能会说，商业分析能力只是营销人、市场人、老板才需要的能力，我们做好自己的运营工作就好。试想，如果你一直都挣扎于用户运营、活动运营、内容运营碎片化的工作当中，却不去想我们怎样才能让自己做的东西是"产品产生价值，用户产生价值"，那这有何意义呢？

刚接触运营的时候，我是一个对商业极度不敏感的人，我不知道一件事背后隐藏着什么样的商业逻辑，因为我觉得只要做好手头上的工作，流量就会来、变现就会来。我记得我以前的领导说过一句话：一切产品变现都是经过设计的，那些通过流量变现，觉得用户即变现的都不是真正的商人，他们的生意都是做不大的生意。

后来我在做每件有关运营的事时，都会想这件事的背后逻辑，以及我能怎样给用户带来价值，因为只有让用户体验好了，你做的事情才有价值，你做的产品运营才有价值。我们都知道，头几年的 O2O 行业打得火热，其中，洗车行业里一度出现上千个 APP，而怎样获取用户的忠诚、保证用户的生命周期，一直是让企业头疼的问题。所以延长用户使用时间，防止用户离开，就成了各大 APP 关注的焦点，大家会通过各种优惠活动，如抽奖送汽车周边产品和低价上门洗车等手段获得更长的用户生命周期。

可是大家都知道，上门洗车行业是个伪需求。现在有需求只是大家用补贴营造出的假需求，可能用户会说：虽然我很喜欢你的洗车服务，但我下次会用别家的产品，因为它离我家更近。这次我来参加，只是因为你们的优惠活动。而创业者们都没有认识到深层次的原因为何。换个角度想，如果砍掉某种功能或服务，用户会不会离开我们呢？如果只是一味追风，看到大家补贴我也拉上资本一起烧钱，这缺乏商业逻辑的分析，只能让上门洗车行业昙花一现。

8.7.2 作为运营人，怎么锻炼商业分析能力

建立自己的金字塔逻辑思维

作为运营人，我们一谈到产品推广，就会拼命地罗列各种各样的传播渠道：双微、视频、音频媒体的全面覆盖联动传播、网红 KOL 扩大声势等看似很高端的做法。因为我们总觉得先把渠道全部罗列出来再说，反正又不用给钱。这就是所谓"无头绪"的推广运营。而如果你真是一个优秀的运营，我觉得你会这样想：

首先，在有了大前提、大目标的情况下，我们应该明确这次产品推广的目的是为了转化还是得到更多的品牌曝光度。

下一步要找到我们的目标受众在哪里。我们的产品是推给大学生呢，还是职场的新白领人群或高精尖的商务人群呢？在确定目标用户之后，接下来就是根据用户的属性，确定适合此类人群的内容调性：活泼、幽默还是严肃一点。

在最后投放内容时，应该这样想：用户在哪个渠道上出现的频率比较高，就专攻哪个渠道。找准一个强力卖点，选择一个精致渠道投放才是王道。

说了这么多，无非是想说明一个道理：在分析一件事的时候，要让结论先

行，自上而下表达，一层层剥解，通过攻破一个个小目标，直至达到最终的目标。这就是我们在进行商业分析时应有的方法论。

不要顾此失彼，应该有强大的思维转变能力

我们在分析一件事的时候，不要一条路走到黑，这样不但南辕北辙，更容易把自己带进深渊。

在进行商业分析时，很多人会把自己限制在某个区域里，不懂得转弯。而通常你只有转换思维才能规避风险。比如受地理因素的制约，举个例子，李阿姨的牛奶辐射范围比较小，也就是说客源有限。这时，无论李阿姨怎么搞优惠、送福利，都是没用的，因为用户每天就这么多。所以，在保证牛奶品质的前提下，李阿姨可以通过两个渠道增长销售额。一是开更多的分店，因为分店是向全国乃至全世界辐射的，所以只要分店开起来，就不怕没人买。但这样做的风险是巨大的，因为产品供应链等环节都需要资金投入，这无疑是个冒险。那可以从线上销售渠道做起吗？当然可以。这就是第二种渠道：把牛奶放到电商上进行售卖，一样可以卖出产品，但风险就是可控因素了。所以，在进行商业分析时，我们应懂得转换思维，不要把自己套死在某个框架内。

商业分析基于事实，出自实践。那些每天看报告、读理论的人不能称为商业分析者，而只是事物表象的传递者。

8.8 从"运营喵"到运营总监的T字型学习法！

就目前来说，行业内对互联网运营的普遍认识是门槛低、技术含量不高、什么都做、谁都可以做，薪资也比互联网其他岗位低。但这种认知并没有形成完整的系统。现在网络上充斥着质量参差不齐的方法论，而这就好似当初对产品经理的认识一样，在该职业火之前的5、6年，业内对其的认知很乱，干货满天飞，可没人能完整讲明白产品经理到底是干什么的。现在的运营者其实就是几年前的产品经理——摸着石头过河，深度挖掘该岗位的潜能。这是一个过程，且差不多到终点了。

正因为运营行业不成系统，使得人们对它的认知不够深。很多"运营喵"

每天都说自己在打杂，迷茫则是对现阶段最好的概括。而这也直接导致了很多新人在这个行业待不久，即使有人做了很久，也是应付式对待，来什么做什么，完全没有把运营当成事业去做，结果做了几年还是原地踏步。但为什么有些人能在这不成熟的领域做到高级运营经理、运营总监的位置上呢？难道只是天赋或勤奋的差异吗？我觉得都不是。如果非要说出个理由，我觉得是缺乏对运营行业的清晰认知及技能发展的协调。

下面是我对如何进阶到高级运营者的一些看法，也是运营者的横向和纵向学习方法整理。我用字母 T 来表示。"一"表示有延展性、广博地学习其他领域的技能，比如运营者不应只局限在运营领域，而应有更长远的目光，产品、技术开发等领域都得懂点。"丨"表示对这个领域认识的深度。既然我们做运营，就要吃透运营。虽然现在运营行业不被看好，但这恰恰是个机会，因为很多人还没对其形成深度认知，如果此时你能吃透运营，有自己的一套方法论，自我价值也会跟着上涨。如果你能将上述两者结合起来——既有较深的专业知识，又有广博的知识面，那无疑是运营领域里缺乏的人才。

我们都知道互联网运营要做的事情多且杂，用户运营、内容运营、活动运营、产品运营、渠道投放、品牌传播、社群活动……我们都要手到擒来。而很多人只做其中的某一块，别担心，这是我们在进阶更高一级运营的必经之路。也就是说，你要进阶高级运营，就必须在某一领域待一段时间。就像你要建一栋房子，必须先保证地基牢固，然后才能继续往上建。

那在繁多复杂的系统里，怎样才能做到运筹帷幄、决胜千里呢？我觉得应该从工作和心态两个层面去说。

8.8.1　工作——从简单到负责，做到极致化及流程化

首先我们从工作层面上去说，刚入行的"运营喵"都是单个任务的执行者，没有太多的战略部署与规划，而你要做的就是把单个任务做到极致。就像我一个前同事，负责微博运营，虽然在各个方面都不是特别强的情况下，还是把一个微博做到 10 万粉丝。那他是怎么做到的呢？看完下面的截图（图 8-2)你就明白了。

	创意周末微薄运营sop				
1	注意一：（1）精准微薄用户反提高用户活跃度（2）定期分析数据，制定优化方案 注意二：内容在于多，而在于精，要形成保证内容质量，都要做到细心 注意三：及时回复评论，不要官方语言，不要做评论，不要做到用心 注意四：及时回复评论，不要官方语言，不要做评论 注意五：微薄发布规律：每天4~5条，工作日11:30、12:30、17:30、20:30，休息日为21:30~23:00，可根据当天情况进行调整 注意六：微薄排期表：按照该表在皮皮精灵中定时发送				
2					
3	栏目规划	内容定位	素材	范例	时间	数量
4	有趣	（1）新鲜、有用、视野、趣品、玩得、视界、猪奇科技	好奇心日报、Zealer、爱范儿、极客公园、硅谷密探、趣玩、爱范、煎蛋、意广告、最潮科技、猿üpo科技	【旅行，他生的是顺风船】如果可以环球游世界，你会选择哪种交通工具呢：我想大部分人都会选择坐飞机，但…	工作日每天11:30和17:30 休息日为22:30~23:00 文章排期： 周一~周三（图文） 周四（视频） 周五（图文） 周六日（当周活动花絮、参照创意君朋友圈图文）	周一至周五每天2篇 周六、日每天1篇总计12篇
5	活动预告和回顾	（1）互动、话题尽量劲爆、实际正文控制100字以内，给话题预留空间，体现内容价值跟活动特色、吸引关注。（2）活动进行时可发起互播。（3）好玩、独家（4）善于利用热点，提高活跃度更高用私信功能，将活动内容通知用户	活动、动态、周末去哪儿、大麦网址、豆瓣、活动行、创意周末、今天玩什么、豆瓣、创意周末	【荧光液弹一起提前嗨欧】地球一小时 怎么变环保以有趣？地球一小时+夜光液行 走进夜光打造的炫彩世界。用尖叫、用呐喊 尽情释放自力唤醒肉…		
6	干货类、实用类的信息	比如潮流干货、名人访谈（2）建议多发长微薄的微薄。转发率还是比较大、不过需要注意配图的质量的微薄。（3）标题要高明抓眼球、最好能吸引住数秒的眼球	威信：一条，独道、FashionTrip			
7	潮流事件	（1）转载时不用二次转发，把素材保存整理后自行发送（2）在进行没有观点的直接转发（3）主要提供一些实用性服务、跟用户进行互动连接	微薄：YOHO潮流志、KLDOLTA潮流先锋、微信：1626潮流精选、超人	【潮流干货】上车，fun肆的超人都是这样养成的(1626潮流精选)		

图 8-2 微博方案截图

运营微博也就是我们常说的新媒体运营，我相信很多人在做新媒体运营时，每天就只是推推文章、找好文章授权，再好点就是写原创，这也是运营界底层人员的真实写照。问题是，你也推微博，人家也推微博，差距为啥这么大呢？差别就在于你没有把一件小事做得极致，没有向深层挖掘。

在运营者看来，工作事项杂而多是常见的事。那怎样才能从中理出个头绪，按照自己的意志去行事呢？你需要流程化的工作方法。

我们都知道，运营中的每个环节都至关重要，任何一个环节出问题都会导致全盘皆输。因此，我们需要在每个环节里找问题以避免犯错。其中，活动运营是变化最多也很难掌控的，这就需要我们将活动前期策划到活动总结反馈这一系列过程整理为流程图，把每个部分会出现什么问题或难把握的地方统统列出来。然后我们就会清楚，一个活动的流程是活动宣传、用户报名、等待活动开始、活动进行、活动结束。基于这个流程，我们大概可以了解，在活动宣传时，我们可以设计宣传用PPT，寻找推送渠道，设定时间频次、活动时间等。而在用户报名这块，我们主要是为了拉新，因此其中存在很多不确定因素：如果报名没有达到预期怎么办，活动太火暴要不要增加名额……都是需要我们考虑的。而在活动结束后，我们需要复盘，看看数据如何，并通过分析得知，我们有哪些做得不好，哪些又做得还可以。这就是将活动运营的流程化带来的好处，因为如果你没有对一个事项权衡利弊，活动就会变得不可控。而我们这些运营者的工作之一，就是把大部分事情都变得可控，小部分不可控的事，也需要做好预防措施。

8.8.2　运营的心态极其重要，不要让糟糕情绪影响全局

工作的繁杂有时会影响我们工作的心态，特别是对刚进入运营行业的新人来说。这时我们就需要及时调节自己的情绪，避免"做不到"或"做不好"影响我们的心情。作为一只"运营喵"，初期接触的产品很杂、运营渠道也很杂，但却很难有机会运营一个产品并进行组合推广，所以运营能力始终得不到提高，也不可能全面地了解一个产品的运营模式，加之在统筹方面没什么经历，很难

有合适的机会，所以就不知道往哪个方向发展了。由此就很容易出现负面情绪。

记得我刚毕业的那会儿，就进入一家广告公司做新媒体运营。我也是什么都做，每天都在忙推广的事情，基本上市面上说的那些免费的推广形式都做过：贴吧、豆瓣、人人、QQ群、新浪微博（用评论做广告）、百科、经验、知道、论坛、换量、SEO、EDM等，哪个效果好就重点攻哪个。那时也会怀疑自己，想着"这样做到底是在干吗"。毕竟那时我对运营没有清晰的认识，只是觉得有个实习机会就不错了。当然也有过逃避的念头，但后来还是坚持下来了。

我相信从运营工作里熬出来的人就知道，等熬过了那段最苦的日子，你就会看到黎明的曙光。而运营这个工作本身就能给人带来自豪感的，因为你是离用户最近的人。所以，这里我要给刚进入运营领域的新人一句劝：坚持，当你坚持到一定的时候，就能看见运营工作本身带给你的快乐。

对于运营者来说，在工作和心态层面都要过硬。不单要保证运营硬技能过关，心理素质也要过关，这样你才能升迁运营的高级职位。

其实，在运营的纵深学习上，你应把本该要学习及完成的事项悟得更深，同时还在要一些与本职相关的工作上做延伸。比如，很多人做产品运营的人都不知道自己是做产品的还是做运营的，因为现在他们既做产品策划、画原型等产品经理才会接触的事，还在做用户运营、广告投放等。这就是全栈运营，也是互联网运营行业的发展趋势，很多大公司也已实行了这样的运营机制。比如，在传统的公司架构里，通常有一个产品部，由一个产品总监领导，再来一个由运营总监领导的运营部门，两边势如水火，经常互相推诿。而新型的公司架构，则是像微服务在架构层面上的改动那样，把公司业务打碎，粒度划分得比现在更细，每个细粒度业务由一个全栈pm负责推进。如果遇到专业上不熟悉的问题，全栈pm之间可以互相学习、琢磨、探索。或许你会说，全栈pm当然好了，什么都会，但是你不觉得有点理想化和纸上谈兵吗？尽管如此，很多公司其实已经在这么做了。

既然这是一个趋势，也是从事互联网运营者的使命，那我们怎么才能使自己在运营领域深耕，同时在产品方面建立一套好的方法论，以不断提高自己的价值呢？我给出的答案就是：不计较自己做的是运营还是产品，产品和运营兼得，做一个复合型人才。在一些大公司里，但凡那些近一年内推出来的新业务，初期几乎全是由从其他部门抽调的全栈 pm 包办。随着业务的顺利发展，会招一些工作经验不足的实习生来做一些基础的细分工作，但一段时间之后，很多人都具备了需求采集、画原型图、跟进开发、推广、运营、功能迭代等环节所要求掌握的技能。用他们自己的话来说，这叫"被逼出来的"。如果学习成本越来越低，不如主动去学习；职业进深不够深，那么就往更广的方向去发展。因为产品运营工作不同于设计、开发等进深比较深的职业特殊性，全栈 pm 将是未来互联网对产品运营人才的大趋势。所以你不要把自己局限在"到底是做产品还是运营"这种问题上了，对于特定用户来说，你既是做产品，又是做运营。你所要做的是，让你的用户觉得你的东西有价值，让他们持续地使用你的产品，并围绕这一核心努力。那时，你做的到底是功能改进，还是活动策划，其实已经不重要了。

总而言之，在公司中，总会有一些工作属于"是不是要招个专门的人来干这个"的类型，这时全栈 pm 的价值就体现出来了，因为对某些很细的东西，如果你不懂或无法很快通过学习了解它，连找外包都可能会被坑。

其实，从底层的"运营喵"进阶到高级运营总监，其实就是把纵向的杂事做得少而精，同时在横向上做得越来越广，这就是所谓的"T"字型学习法。

8.9 如何高效地摄取运营知识

相信大家现在各大网站、微信公众号、APP 上都会看到众多有关运营的"干货"，如以下文章：

《如何从零开始成为内容运营？》

《在腾讯 2 年，我学到了这 15 条关于运营的干货》

《没有经验，如何找到第一份运营工作？》

《初级运营人员如何摆脱迷茫，快速成长进阶？》

《如何从初级运营成长为高级运营：详解运营的四个段位》等。

很多运营人扫一眼标题，就会立马点进去，几千字的文章不到 2 分钟便读完了，然后火急火燎地看下一篇。从早上到晚上，从公司到家里，日复一日，貌似每天都拜读了很多运营大咖的心得体会，但这些所谓的"干货"中，究竟有多少进入你的知识体系，形成了你个人对运营的认知呢？作为运营人，应如何在运营知识的大海里避免"水过鸭背"式的阅读呢？且听我细细道来。

8.9.1 获取知识

在碎片化时代，大量无用的信息占据了我们的眼球，我们如何才能高效地获取想要的运营知识呢？首先应该牢记以下 3 个原则：

- 简化
- 容量
- 速度

既然内容很多，你就得给内容阅读做减法，还需要学会快速阅读。我们在获取运营知识的时候，你已经知道或对你无用的知识就大胆跳过，只选择那些能丰富你知识构架的文章认真阅读。

从互联网时代的"网络编辑"，到移动互联网时代改称为"运营者"，在这一过程中，"运营"的体系架构已经形成，现在各平台上的"干货"只不过是运营的冰山一角。发布运营"干货"的平台很多，写运营知识的人也很多，所以难免会出现"水货"：前人已经写过很多类似的观点，只不过是换了个标题和结尾。所以你每天上下班在路上刷的运营干货，讲的可能都是同一个概念。那为什么你还是分辨不出哪些是你看过的，哪些又是你没看过的？原因在于，你根本就没有认真阅读过哪怕一篇文章，之前不过是匆匆一瞥，所以能被你记住并活用的很少。

8.9.2 运营信息来源渠道选择

现在的运营干货来源无非就集中在网站、微信公众号、APP 等几大渠道，而这些渠道又会形成一些行业标杆，比如网站中的"人人都是产品经理""鸟哥笔记"等，微信公众号则以个人账号居多。当然，此外还有很多资讯平台，这里就不一一列举了，相信大家比我还熟悉。

说了这么多，我无非是想告诉大家：你接触的平台越多，就越记不住今天看的信息是哪个平台的，记住的信息量也会大幅度减低。因此，我们在挑选信息来源时，可以遵循两个原则：一是原创，二是首发。现在互联网运营信息渠道存在 2 个极端：某些平台上总会第一时间放出很多原创运营干货；另一些平台则会放出那些早就被人"转烂"的运营"干货"。前者以微信公众号为主，比如很多运营大咖的个人微信公众号；后者则以网站为主，大多属于跟风。不用我多说，大家都知道该怎么选了。

8.9.3　我们应该如何去理解一篇运营干货类文章？

现如今，信息过载导致眼球经济盛行，我们经常会被各种各样无用信息骚扰，阅读质量就会大大降低。当你读完一篇运营文章后，如果问你"读懂了吗"，大部分都会说"懂了"。但这个"懂了"或许只停留在了解的阶段，而不是真正"懂了"。在我看来，读懂一篇运营文章大概可以分为三个层次：大概了解——认识结构——认识中心，它们呈递进关系。

"大概了解"就是说，你对一篇文章仅停留在了解阶段。而不知道这篇文章的行文结构以及想表达的中心思想是什么。

"认识结构"的意思是，当你读完一篇文章后，能记住每个段落并概括其大意，这说明你已经明白作者的行文结构以及他在每个段落所表达的意思。这是很多人做不到的。为什么这么说呢？你可以回想一下，当你在阅读一篇文章的时候，是否看完一段就忘记了该段的小标题是什么，甚至连上一段的内容是什么都忘记了？如果是认真阅读的人，可能会返回上面再看，如果懒得去翻上下文的人就很容易记不住。结果一篇文章读下来，只记得最后的总结，而文内的很多优秀例子却忘记了。

最后一个阶段"认识中心"，即你能明白这篇文章的中心思想是什么。

所以，每当我们看完一篇运营"干货"时，都要进行这样的思考，想想作者为何会写出这样的文章，是因为他遇到过类似的经历，还是另有原因。

我也会经常去看一些运营干货文章，而我每看一篇干货，中间都会停下几次，去思考这样操作的意义以及会遇到什么问题。所以我读一篇文章的时间会比别人长得多。要知道，认真读一篇文章好过匆匆地读 10 篇。

8.9.4 从点到面拓展

认识一个事物要"从点到面"，因为这是构建你运营知识体系的开始。

拓展主要有两种方式：
- 横向拓展
- 纵向拓展

当你阅读一篇运营干货的时候，你还可以将文中的信息与其他信息联系起来，这样你既能对文中的观点深入挖掘，又能纵向了解其他类似的观点。

如何做横向拓展

世间万物不会孤立地存在，我们的知识也不会孤立地存在。在读完一篇文章之后，你可以想想与此类似的结论还有哪些，同一时期还有哪些其他的发现，围绕这一结论还有哪些事实……

横向拓展意味着你需要建立模型，在模型与原知识之间建立联系。比如，我今天看完了一篇运营相关文章，那它是否就是一篇仅关于用户运营的文章呢？我是否可以把它跟活动运营联系起来呢？当然了。做运营的朋友都知道，内容需要结合活动才能创造产品价值。因此我们不能把运营的某个局部孤立起来，而是应该把它和其他可能相关的观点联系起来，放在一个面上去观察，看是否有不一样的想法。

怎么做纵向拓展

我们在阅读一篇文章时，看到的往往是表面知识，比如看完作者的总结就觉得自己了解得差不多了，但文字背后的逻辑原理我们往往是不清楚的。纵向拓展需要在信息内部创造联系，而不是仅理解一个结论就结束了。

举个例子，今天我看到一篇关于数据运营的文章，主要内容是数据分析的一些方法，比如 pest 分析法、swot 分析法。当我阅读完之后，发现自己只知道在做数据分析指导的时候可以使用这些方法，却不知道这些方法是怎么进行指导的，而文中既没有实例，也没有说明。这时我可能就需要百度、知乎等平台为我答疑解惑了。这些知识问答社区可以告诉我有没有朋友在使用时遇到类似的问题，以及有没有一些误区是可以避免的。以上属于对上述方法的深入了解，可以让我知道这些方法是怎么来的，我又该如何去使用它。当我清楚了解了这些方法的概念、使用方法及需要做什么后，基本上对它就有了全面认识，在使用它的时候就会想得比较全面，这样就可以避免遇到一些不该遇到的问题。

8.9.5 放到实战去检验

我相信很多运营者每天都会看介绍运营知识的文章，但我认为把它应用到运营工作的人肯定是少之又少。这并不是因为我们懒，而是我们不知道该怎么执行。

我记得韩叙说过："'懂理论'和'会执行'是两回事，搞定前者不等于也能拿下后者，执行是另外一种技能，是同等重要的课题。要想达到最终效果，必须理论和执行双管齐下，缺一不可。"比如，那些只会写文章却不会做事的朋友，就是因为只掌握了其中一项技能。而那些只埋头干活，却不懂提炼方法和总结规律的朋友也是一样。就像学摄影，我们在学习拍摄时，首先会去网站翻看很多摄影专业知识，或买些摄影相关书籍来看。但理论终归是理论，实战才是硬道理。做产品运营的人写的"干货"类文章，实际也是从实战中来。你在理解了文中理论的前提下，应该把理论放到工作中去检验，验证作者的理论到底是道听途说，还是真的有料。

说了这么多，那我们应该怎么把学到的理论应用到运营工作中呢？

比如，我们刚看完一篇运营相关文章，里面说道："我们在进行产品的冷启动时，核心用户（即种子用户）很重要，最初的 500 个种子用户决定了社区的氛围和调性，所以要去找符合定位的优质用户……"但如果你看完这篇文章，没有思考就开始行动，你就会遇到一个大问题：怎样才能找到种子用户？

众所周知，理论大多是没错的，所以关键环节就是怎么落地。如果是你运营主管，如果只是一声令下，让大家分头乱找，却没有方法、流程和标准，那肯定不行。加之对执行环节没有把控力，更无法预估效果。而我们给大家的解决办法就是，尽可能提前确定所有可以确定的元素，不给执行者预留过多的操作空间，否则会带来不可控性。这并非忽视员工的创造力，而是说创造力更适合理论层面，而到了执行环节，"做"更重要。

所以说，我们在看干货类的运营知识时，你大可以做出无限遐想，但真正到实战的时候，你应该更多地把握可操作性以及可确定性，而非把理论全盘搬过来。在实践时，我们要不断检验该理论是否只停留在概念、不具备可操作性。

运营干货每天都有，但我们在学习这些理论时，更多的是秉着"是否有用且适合自己"的原则去学习。若是遵循上面的步骤法读一篇有用的干货，你将大有收获！

第 6 篇

深度思考

第9章
关于运营的一些思考

现在的产品运营领域就如《围城》里所说:"城外的人想进去,城里的人想出来。"

9.1 产品和运营是什么关系

有江湖就有传闻，有传闻就有争议。

近几年，随着运营这一行业的兴起，从事运营的人也开始增多，运营领域的"江湖"随之慢慢形成。众所周知，每个行业的兴起都要经历从不成熟到成熟的过程，运营也不例外。虽然时至今日，运营已逐渐形成系统，但真正的规范仍未形成，特别是运营跟产品处在交叉点的当口。一时间，"江湖"上就兴起了关于产品和运营的诸多传闻，如"产品和运营谁更重要？""产品和运营是什么关系？"等，此起彼伏。

这些争议给刚进入运营行业的新人造成了许多认知上的障碍，作为多年运营人，我觉得有必要聊聊这个话题，以解释清楚产品和运营到底是啥关系？

进入移动互联网后，产品同质化严重，单靠产品优劣取胜的时代早已过去。互联网 1994 年进入中国，经过 20 多年的发展，早已发生翻天覆地的变化。早在 10 年前，用户获取信息的入口主要是门户网站，那时只要会点技术，就能搭建个网站，再简单做点推广，流量自然会来，而靠流量变现就能解决生存和发展问题。所以，那个时代是个人站长的天下。

在 APP 刚刚兴起时，做 APP 成了创业公司的标配，因此那时创业也被称为 APP 创业。由于用户从 APP 获取信息更加方便、快捷，于是大量的 APP 开始出现，衣、食、住、行，样样齐全。只要你 UI 界面做得好看点，又能解决用户线上、线下的问题，活下来肯定是没有问题的。如果再找上资本支持、烧点钱，成为某个领域的 NO.1，那离实现财务自由不远了。

但现在就没这么好的事了，面对同一个需求，可能会同时出现上千个 APP，此时对 APP 公司来说，"求生存"比"求发展"更为重要，比如"百团大战"，滴滴、快的和 Uber 的"烧钱大战"、直播平台混战以及共享单车平台"会战"。

9.1.1 运营策略的重要性

不得不承认,"分答"的模式在国内尚属首创,但酒香也怕巷子深,如果"分答"团队没有好的运营策略,恐怕也不会让这么多用户认识及使用它。正是通过极强的 BD(业务拓展人员的英文缩写)能力和数千行家的沉淀,"分答"积累了最早的回答者。而后王思聪、罗振宇等明星大腕纷纷加入,很多业界名人也开始在微博上宣传自己的"分答"二维码,这为"分答"带来了不少用户。

我们先来分析一下"分答"初期的运营模式。"分答"的首页,问题榜长期位于首位,因为在产品运营初期,新加入的用户居多,而"一个问题,一个回答"便是其基本形式。此时,"分答"将问题和回答直接展示给新用户,让他们能迅速了解产品,后来加入并置顶的"免费听",更是给人以"零门槛"体验产品的机会。

和"在行"一样,"分答"在新媒体运营上延续了果壳网的方法——第一时间开通了官方微博和微信公众号(其中,微信公众号是将原"在行"服务号改名为"分答")。而"分答"的官方微博一方面用于和大 V 互动,并将平台上的精彩内容分享出来以吸引新用户;另一方面,公布"分答"的最新消息,收集关于产品的反馈意见,给用户最便捷的反馈渠道,倾听用户的声音。如果没有这些运营策略,"分答"的爆发不会这么快到来。

如果说"知乎""分答"等产品的诞生是从 0 到 1 的过程,那么后期有节奏感的运营就是让这个产品以高昂的姿态出现在用户面前,让用户使用它、爱上他,并成功实现从 1 到 100,甚至 1000 的增长过程。

9.1.2 产品与运营的关系

运营和产品既是紧密连接在一起的,又是相互独立的;既是相爱相杀的,又是相辅相成的。

就像鱼离不开水一样,产品也离不开运营。所以,一款产品想要成功,必须得有运营的帮助。反之,对运营也是一样:如果没有产品,那么运营这个岗位也将不复存在。即使有产品，但产品不给力，那么运营做得再好，还是一样没用。

但与此同时，产品和运营又是相互独立的，他们有独立的工作、技能，互不干扰，各忙各的，且都有产生价值的可能。

之前，微信公众号、朋友圈、微信上有很多人问我为什么要提出"后产品时代"这个概念，感觉有点儿伪命题的意思；还有人问我对这个词是怎么理解的。其实上面所说就是我们的答案了。不过我还要补充一点："后产品时代"并非颠覆，而是融洽。与其说是为运营正名，倒不如说是对运营和产品的一次全新审视。

9.2 运营该不该跟在 KPI 后面走

近段时间，在市场、运营、产品等领域，KPI 被多次提起，有人反对 KPI，也有人支持 KPI，认为它可以激励员工实现公司业绩目标。而作为运营人，我们身上也背负着 KPI 的重任，所以在新的一年，产品运营者也会重新审视 KPI 的价值。

相信做运营的小伙伴们对以下数据不会陌生：

- 页面浏览量 PV
- 独立 IP
- 独立用户数 UV
- 重复访问量 RV
- 平均访问页面深度
- 页面停留时间
- 页面跳出率

从员工的角度看，这是他们应该完成的工作；而从公司层面看，这是运营人"不得不背的 KPI"。

何谓 KPI？其全称是 Key Performance Indicator，即"关键绩效指标"，是通过对组织内部流程输入、输出端的关键参数进行设置、取样、计算、分析，以此来衡量流程绩效的一种目标式量化管理指标，是把企业的战略目标分解为可操作的工作目标的工具，是企业绩效管理的基础。翻译成大白话就是：公司制定战略目标，将工作分配到每个部门，再由部门负责人分配到每个人头上，确定应在某个月、季度完成的工作量，它直接与你的薪资挂钩。在运营行业，奉行着"无 KPI 不运营"的铁律。其实它对其他工作岗位也适用，包括市场、销售、产品、设计等。

一款产品在"从 1 到 100"的过程中，运营是必不可少的，很多运营人在前期推广的过程中，靠着团队的精明干练、很快就把产品推向市场。后来，产品的用户基数越来越大、团队规模逐渐扩充，随之而来的就是各个环节的指标考核。由于完不成会直接影响个人绩效，有些运营人就会铤而走险，用数据作假甚至牺牲用户体验等方法以达到完成任务的目的。

这难道意味着我们应该取消 KPI 考核？并不是。KPI 发展至今，影响深远，其在团队管理、激励员工、业绩达成等方面起着重要作用，这也是为什么 KPI 被很多企业沿用至今。而"产品运营"本就是以结果为导向的岗位，一切都向结果看齐，所以 KPI 才会在衡量一位运营岗位从事者的工作效率方面起着关键作用。个别人的取巧方式必不会长久，作假的数据和牺牲的用户体验会带来比完不成工作量更严重的问题。

9.2.1 "支付宝"的一丝涟漪，不会激起千层浪花

如果要说 2016 年曝光度最多的一款支付产品，那毫无疑问是支付宝。当年，支付宝通过"集五福""校园日记""AR 红包"赚足了眼球。在这么大的流量背后，它是否成功地巩固了自己在支付界的地位呢？貌似没有，而且还被微信支付超越，逐渐失去了支付界的霸主地位。

诚然，支付宝的每一次活动，虽都能赚足我们的注意力，但效果都不会持续太久，因而也就无法改变用户的使用习惯。就像"集五福"，投入了 2 个亿，刚开始用户的确异常活跃，可在活动过后，大家还是回归惯用的支付工具，好

友数量也还是那么多，也并不会因为这个活动用支付宝跟好友聊天。

我相信"支付宝"团队多少应该知道，想通过营销活动转型"社交工具"，向微信发起挑战，目前是不太可能的。这是"以己之短，攻其之长"。但"支付宝"团队又不得不这么做，因为作为支付及金融领域的巨头，团队的绩效考核不会少，作为工具型产品，如果单靠用户使用，肯定得不出华丽的数据。而对一款有着亿万级流量的产品来说，流量就是王道，怎么通过激发它做出更多的"表面功夫"，线上营销活动无疑是最好办法。

所以，"支付宝"团队才投入 2 个亿集五福，打政策的"擦边球"开通校园日记。这些击中人性的策划，无疑是最好的流量来源。通过这些活动，"支付宝"获得了华丽的 KPI，市场运营者就可以在年终总结里写：新增用户千万、DAU 千万，品牌方很满意……

9.2.2 百度的业绩与价值观，KPI 就是万恶之源？

2016 年算是"百度"的不顺之年。"卖吧事件""魏则西事件""百科事件"……一系列负面事件使"百度"的股价连连受挫。而这些事件的爆发有着同一个重要源头，就是对 KPI 的追逐。

2016 年，"百度"的危机爆发后，李彦宏在给公司内部反省信中这样写道："从管理层到员工，我们对短期 KPI 的追逐，使得价值观被挤压变形了。随之，业绩增长凌驾于用户体验，简单经营替代了简单可依赖，使我们与用户渐行渐远，与创业初期坚守的使命和价值观渐行渐远。"对"百度"这样的公司来说，过度追逐业绩本无可厚非。使 KPI 凌驾于企业的价值观上，因而爆发出一系列危机，看似"自作孽不可活"，但仔细想想，它们好像也不得不这样做。

我们都知道，"百度贴吧"起步于 2003 年，作为从"搜索"沉淀下来的内容交流社区，它在 2012 年实现了大飞跃，成为当时仅次于 QQ 空间的第二大活跃社区。以前百度是做搜索的——只是一种工具，用户用完即走。所以，"百度"需要一个社区来增强用户黏性，而贴吧无疑是当时最好的平台。随着贴吧用户规模的不断增大，大批用户被留存下来。而当产品进入成熟期，深度探索商业模式就变得尤为重要了。

2010年,就在"百度"的事业如火如荼的发展之时,它唯一的竞争对手谷歌宣布退出中国。这就好比,一座山中原本有两只老虎,现在突然有一只退出竞争,留下的自然成了"山大王"。此时,"百度"陷入空前寂寞之中——没有了优秀的对手,只有自己纵情向前。据百度员工说,当时百度内部提出了这样的目标:十年内达到1000亿元的年收入。这一"神话"般的目标在内部被认真对待,也很受高层和投资人重视,加之用户量和活跃度的持续上升,服务器带宽等成本也居高不下,因此它势必成了公司内所有人都有责任的工作。这也为2016年的一系列危机埋下了定时炸弹。

危机爆发后,百度也对"片面追求短期KPI"造成的悲剧进行了反省。但没有KPI,百度就可以避免此次危机吗?未必。百度不是纯搜索引擎,它的对手也不只是谷歌一家。因为"百度"旗下还有"贴吧""问答""百科"等社区,所以这也导致了其与谷歌的性质并不相同。所以,在这些平台上出现的信任问题,就不只是片面追求KPI带来的问题,而是平台的信用体系问题。总而言之,就算没有KPI,"百度"一样会面临危机,只不过是时间与运气的问题罢了。因此,KPI也不是万恶之源。

9.2.3 那OKR适合应用在产品运营吗?

既然KPI有利有弊,那么对企业来说,重要的事就成了如何去平衡价值观与KPI的天平。不幸的是,这并不好把握。那是否有可以代替KPI的绩效管理的工具呢?相信到这里,很多人的脑子里都会出现OKR这个词。何谓为OKR呢?OKR的全称是Objectives and Key Results,即"目标与关键成果法",它是一套定义和跟踪目标及其完成情况的管理工具。1999年Intel公司发明了这种方法,后来被约翰·杜尔推广到甲骨文、谷歌、领英等高科技公司,随之逐渐流传开来,现在已广泛应用于IT、风险投资、游戏、创意等领域中以项目为主要经营单位的企业。

换言之,OKR是在一定周期内为企业和团队设定的战略和目标。在每个周期结束时，OKR 能帮你评估团队目标的执行和完成情况。我们可将 OKR 分为"目标"（Objective）和"关键成果"（Key Results）两部分：

目标（Objectives）

每家公司都有在未来的一段时间内渴望达成的目标，这是公司层面的战略规划。

关键成果（Key Results）

"关键成果"就是对目标的过程性或结果性描述。需要注意的是，它必须基于具体数值（比如你想提升网站浏览量，就不能将其设为"大幅提升网页浏览量"，而应更具体一些，如"日均独立浏览量过 1000，比之前提升 50%"）。

我们来举个例子。2017 年，我运营了一款用于提供活动资讯的 APP。那么，为了能够提升用户在 APP 停留的时间，我应该怎么做？

为此，我们可将"目标"设为：让每位用户的停留时间超过 20 分钟；"关键结果"可以设定为：开通即时活动现场分析瞬间社区；在平台内容的聚合上提升 3 倍频率，推送用户喜欢的内容；做平台内容的分析和调研，分析哪些资讯的阅读数和点赞最高，做重点推送。如果"关键结果"不能达到"目标"，那么就需要做出调整，这一调整可以以周为单位，也可以以月为单位，但时间越短越好。

经过上面的分析，貌似 OKR 非常适合产品运营领域，但需要完全代替 KPI 还不可能。我们可以把 OKR 和 KPI 都比做是赛马的骑手，而两者区别就在于：KPI 只能让马使劲跑，而 OKR 能保证马头朝向正确的方向。有些马拼命想往前跑，不希望落后于别人，这时 OKR 就能帮助它少跑弯路。有些马本来就不想跑，这时候就需要 KPI 充当鞭子了。一言以蔽之，一家公司能不能用 OKR，首先要看有没有合适的马。

因此，OKR 和 KPI 谁也无法真正替代对方，因此，找到适合的绩效评估方法才是最为重要的事。本质上说，不论是 KPI、OKR，抑或其他管理工具，都是为了能够使员工为企业带来好的收益。工具没有对错，也没有情感、价值观，真正让工具产生生命的还是我们人类，如果你赋予这款工具正义，那么它带给你的就是收获；如果你赋予它邪恶，那么它就会带来灾难。

所以，运营者该不该跟在所谓的 KPI 后面走，就得看你赋予它什么。

9.3 产品运营的核心价值是什么？

关于产品运营的核心价值，我相信很多做产品运营的小伙伴都没想过，也不清楚自己产品的核心价值到底体现在哪里。现在，很多做运营的人都只是紧紧抓住"运营"这个空的概念，把自己逼进思维的死胡同里。由此，他们对于运营的理解，就停留在了"打杂"和"无技术含量"。

我刚进入运营行业时，并没有太多导师或大牛带我学习、成长，而我那会儿做的工作其实跟现在很多小伙伴做的很类似。在这期间，我对产品运营的认知也在慢慢加深，不管是从知识、技能还是运营逻辑上，自己的运营认知框架都在慢慢完善。而一个运营人最大的成就无非就是：清楚自己的核心价值在哪里。因为只有这样，你才清楚该做什么、不该做什么、做哪些事情对产品成长有重要作用、不做又会有哪些影响。那作为产品运营，我们的核心价值到底在哪里呢？我觉得主要有以下 3 点：

- 传递产品价值，使产品实现从 1 到 100
- 助力产品不断完善，延续产品生命周期
- 以结果为导向，帮公司赚更多的钱

9.3.1 传递产品价值，使产品实现从 1 到 100

我们常说：产品是"生孩子"，从 0 到 1；运营是"养孩子"，从 1 到 100，甚至 1000。我们需要把产品推广给更多的人使用，并在这一过程中不断传递产品的核心价值，让用户逐渐爱上它，并为其做出贡献（反馈、管理、传播）。而这就是运营者要做的事情，也是产品运营者的核心价值之一。

而我们传递的产品核心价值，其实就是用户选择这个产品的理由，也就是差异化和核心竞争力。产品的核心价值只有一个,即使是满足用户多个场景的需求,背后的核心价值也只有一个。运营要做的就是运用各种方法和渠道,凸显和放大产品的核心价值,将其转变成用户更易理解和接受的形式,再呈现到用户面前。下面我以"知乎"为例,看"知乎"团队是如何将"知乎"的核心价值传递给目标用户的。

在我们新接手或推广一款产品的时候,你首先要了解的是产品的定位,这个定位其实就是:这款产品给我们的目标提供怎样的帮助,这个帮助对用户来说是不是痛点。只有知道该产品的核心诉求,你才能在接下来的工作中不断围绕核心价值去做产品推广的事情。那么,"知乎"的核心价值是什么呢?如果你经常浏览"知乎"就会知道,"知乎"其实就是一个高质量的问答社区,对提问者而言,你可以学到你想要的知识;而对回答者而言,"知乎"就是一个让自己的专业知识为更多人所知的社区。基于这个核心价值,"知乎"要做的事情就是不断给更多用户激励,让他们加入这个社区,并为其创作更多内容。所以,优质内容就是"知乎"的最终落脚点。

而在这一过程中,"知乎"的运营团队需要通过运营手段让用户接受核心价值,并知道产品能为自己带来什么。我们可以算算,从 2010 年 1 月开始运营,到 2013 年 3 月对大众开发注册,整整 3 年的时间,都是对内运营测试——仅邀请名人大咖进入。这使得"知乎"从一开始就备受关注。而在这一过程中,用户可以明显感觉到,"知乎"是一个提供高质量内容的问答社区。而这就是传递产品价值的过程。

9.3.2　助力产品不断完善,延续产品生命周期

产品运营的价值体现第二点,就是不但要将产品的核心价值传递给目标用户,而且得持续传递,根据过用户反馈不断总结、完善,延长产品的生命周期。

产品和人一样,要经历"生老病死"。只不过我们在对产品进行描述时,就不用"生老病死",而是以形成、成长、成熟、衰退来描述。典型的产品生命周期一般可以分为四个阶段,即摸索期、成长期、成熟期和衰退期。而作为

产品运营，我们就是要在这四个阶段介入，通过不同的运营手段，保证其被更多人使用。同时，这四个阶段的运营手段也不尽相同，其主要表现为以下几种。

比如，一款新出的产品，由于刚上线不久，很多东西都未得到验证，这时就急需一批用户来检验此产品是否可行。此时，很多运营人员就会急忙想着拉新，用户数越多越好。而这是明显错误的做法：在一个产品还没得到市场的认可情况下，应该先招募一批高质量的用户来内测体验，及时得到反馈后以求改进。比如2011年的"知乎"，采取的是较为封闭的邀请制运营方式，用邀请码邀请一批专业领域的大V来使用产品。通过他们提升产品的影响力、专业性、话题性和持续关注。这是上线不久的初创型产品的运营方式。

过了摸索阶段的产品，会进入一个较为快速增长的时期，这时，运营方式也要相应地变化，其主要体现在推广渠道、话题延展性以及用户运营的方式上。产品在得到市场认可的基础上，能否快速占领有效市场变得尤为重要，这时，铺渠道、打广告、造话题……都是让大规模用户认识你的最佳方法。比如2014年的"滴滴"，其在微博上的话题持续不断，跨界营销玩得比"杜蕾斯"都好，线下补贴多到让打车几乎不花钱。通过这样的"狂轰滥炸"，"滴滴"在用户心里形成很好的认知，并初步建立起了品牌。而在疯狂补贴的后期，"滴滴"在用户运营上慢慢转向精细化运营，根据不同地区、时段向不同用户实施补贴策略。这是快速增长期的产品运营方式。

过了快速增长的阶段后，产品进入较为稳定的时期，即成熟期。这时，产品运营的方式应更为成熟，侧重点应在商业模式变现和用户活跃度上。比如微信，它是属于进入稳定期的产品，用户增长也进入了一个较为平缓的阶段，这时你可以在朋友圈看到广告、平台接入了更多衣、食、住、行服务，这些都表示微信进入了真正盈利的时代。又比如"今日头条"，作为聚合类新闻平台的一颗新星，这两年的发展速度异常凶猛，但进入2016年以来，其用户增长速度开始放缓，这时，用户活跃度就变得异常重要。几个星期前，"今日头条"截取了凤凰新闻客户端的流量以及之后跟京东的跨界合作，都能看出"今日头条"对用户十分渴望，这是其在活跃度和商业模式上的不断探索。

每个事物都是有寿命的，产品也不例外，所以，当一款产品进入"暮年期"

时，我们在运营时，方式也不相同，例如我们熟悉的天涯、猫扑、豆瓣等，都已进入衰退期，于是在运营上就只能通过用户召回、活动运营等手段刺激，延长其衰退的时间，其他的也做不了太多。

因此，在产品运营的不同阶段，我们采取的方式都不相同。在进行运营时，切记不可盲目，一定得先搞清楚这款产品处在哪个阶段。只有搞清楚这一点，你才能对症下药，延长产品的生命周期。

9.3.3 以结果为导向，帮公司赚更多的钱

我们常开玩笑说"不以赚钱为目的的公司都是耍流氓"。但一家公司的终极目标、一家企业成立的初衷，无不例外都是盈利。

作为产品运营者，我们做事都以结果为导向，即我们现在做的事能否产生实际效益。如果没有，那运营就不成功，公司也不能持续运作下去。但我们在负责产品时，虽然知道要以产生实际效益为导向，但这一过程是由多个环节组成的，由此才能实现最初的目标。这就需要我们在做产品运营时，将"赚钱"这一终极目标分解成一个个小目标。因此，一个产品运营人应具备目标分解能力。

在将目标拆分为更加细致的小目标之后，我们就要通过各种运营手段实现大的目标，包括内容运营、用户运营、活动运营、社群运营、渠道运营，等等。我们以社区类产品为例，其产品链是这样的：内容生产 – 分发渠道 – 商业模式。这是标准的社区类产品链，从优质内容的产出，到内容的分发，再到商业模式的变现，每个环节都至关重要。

内容生产涉及内容运营，在对内容筛选、编辑、审核、呈现的过程中，我们都对内容运营进行严格的把控。而社区的内容多以 UGC（用户生产内容）的形式呈现，而此类内容存在比较大的不确定性，这时就需要完整的社区规范制度来提高内容的质量。

而在内容的分发渠道上，我们则需要对内容进行二次传播；在传播渠道的选择及内容质量的把控上，也需要"专人专岗"，从而将内容的传播范围做到

最广。分发渠道是对平台有无商业变现能力的直接体现,通常情况下,"建立自己的内容传播矩阵"是最常规的方法,也是最有效的途径。

在内容质量达到一定高度,且传播渠道足够成熟时,商业变现就会提上日程。我们其实可以看到,从内容产出到内容传播,再到商业模式的套索,其实就是一个完整过程,虽然我们紧盯着商业变现,但其过程一点也不能马虎。诚然,前面都是铺垫,但若没有这些准备工作,商业变现也就无从谈起。

因此,作为产品运营者,我们是要赚钱,但想要实现这一目标,得把它分成无数个的小目标,然后再逐一完成。这才是我们产品运营者应有的价值体现。

9.4　为什么运营要走向精细化?又该如何做?

10 年前,PC 互联网时代,当你浏览百度的网页,你会经常看到各种插件推广、弹窗广告,等等,这些弹窗就好似牛皮癣一样,想关掉都不行。用户体验极其不好,那是一个"卖方"占绝对优势的时代。而那时候运营所需要做的事情就是不断地轰炸式投放广告,而把用户体验居于次要地位,如图 9-1 所示。

图 9-1　网页弹窗小广告

移动互联网时代，运营要以用户为中心，一切运营围绕用户，没有用户你就生存不下去，所以带出了精细化运营这词，那么何为精细化运营？

精细化运营，就是结合渠道、转化流程和用户行为数据，对流失率较高的用户环节展开针对性的运营活动，以提升整体的目标转化率。通常我们会对 APP 的下载路径设置漏斗模型，以确定整个流程的设计是否合理，各步骤是否存在优化的空间等。通过这样了解用户来到网站/APP 的真正目的，为他们提供合理的访问路径或操作流程，科学细致地提高转化率。

9.4.1　为什么需要精细化运营？

从 PC 到移动互联网，一批搭乘红利期快车的互联网产品，曾急速崛起。而如今，流量红利消失，一个疯狂的、传奇般的流量时代，惶惶然结束了。

这就是对这个时代最好的一句话描述。

移动互联网人口红利期消失

国内互联网网民数、移动用户数饱和，人口红利消失，从增量市场进入存量市场。然而，增量乏力，存量市场竞争更加激烈。在这种环境下，有两条路：一条路出海，印度、东南亚等新兴市场不乏出海互联网公司的影子；而另一条路就是精细化运营，用最小的成本，挖掘最大的流量价值。

数据挖掘的应用

云计算、大数据等技术发展和应用更加成熟，厂商的开放，使得云计算及大数据分析成为企业生存的水电煤，成为一种基础资源。精细化运营有了足够的技术支撑，应用数据分析技术挖掘用户数据，并进一步迭代优化产品，进行个性化针对性运营成为可能。像现在的很多数据分析平台都提出了精细化运营，通过数据挖掘分析，帮助用户更好地跟着产品节奏走，产品也能反向通过用户反馈以提出解决方案。

9.4.2 精细化运营又该如何做？

这里要记住一个点就是转化是精细化运营的核心思路，精细化运营讲究的是每一个运营步骤的流程化，并提高每个步骤到达下一步骤的转化率，精细化运营更多的是关注到最终且下单成交的一个过程，这种运营更多的见于电商与游戏领域，如图 9-2 所示。

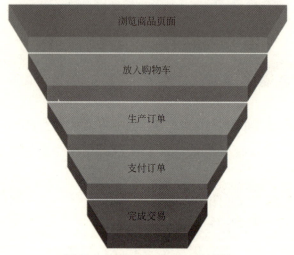

图 9-2　精细化运营关注的过程

这是一个电商购物流程漏斗模型。每一个环节都有人流失，而漏斗斜度自然越小越好，这样每个环节流失的人就越少，转化率越高。

在众多用户分析的手段里，"热图"应该是最为高效直观的一种。它不需要你在分析工具中分析大量的数据。热图会直接利用点击、注意力和鼠标滚动的追踪等方式生成关于用户行为的可视化报告。

这是国外一个网站的点击热图，如图 9-3 所示。这种热图，能够清晰呈现用户最感兴趣的页面区域和元素，并能直观反映影响用户行为的元素。不论从用户点击量还是用户在该区域的停留时间来看，左边的栏目都是大家最关心的模块之一。在这些区域尽可能多地提供用户感兴趣的内容，满足他们的访问需求，对用户在网站内的访问时间和访问深度都会有极大提升。

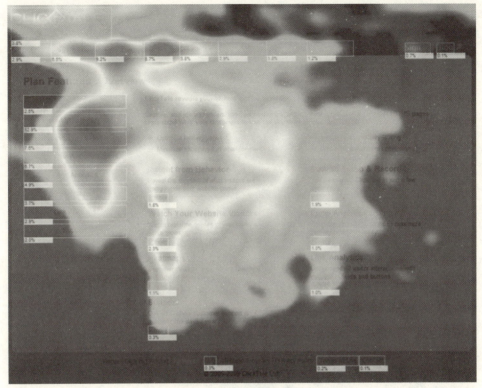

图 9-3 热图

9.4.3 内容运营：精准分析每一篇文章的效果

我们天天都在内容运营，也说自己是做内容运营的，但是在很多的理解当中，内容运营就是个简单的内容输出工作，比如内容编写采集、内容审核修改、推送等步骤，但是内容运营真正的价值点就在于如何使自己的内容更加吸引用户，达到一个内容营销的目的。

比如微信公众号运营，能抓取到的基本数据有：阅读数、转发数、分享数、点赞数、收藏数、从朋友圈打开人数、阅读来源分析、用户属性（地区、性别、用户使用的手机品牌等），如图9-4所示。数据是珍贵的，通过数据分析能够让内容运营更好地了解用户，通过多篇图文进行数据对比，能够大概地画出用户画像；用户是个体，每个人都有自己的喜好，通过精细化运营，根据用户兴趣进行内容策划、内容推送，提高了自己的运营效率，也符合了用户的胃口，总体的效果是很高的。

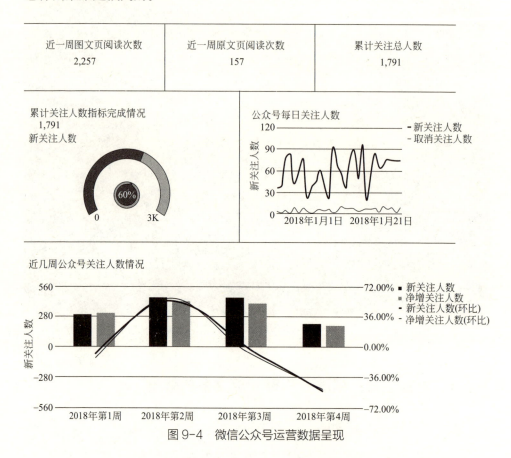

图 9-4　微信公众号运营数据呈现

所以要做好内容运营，就要对内容分发和分发渠道挖掘、传播、数据整理。内容分发，最简单就是为了达到传播的效果，在更多的渠道进行内容曝光，而好的内容还能够转化成内容营销。

现在做运营再也不能用 10 年前的运营方法论了，优秀的产品运营，应该具备数据驱动的思维，掌握一定的数据分析工具。在实际业务工作中，不断从数据中提出问题，不断尝试，用数据来优化运营策略，进而实现客户和业务的增长。

9.5 做好互联网运营工作，必备的 10 种互联网思维

思维是个好东西，如果简单地理解它，它就是我们对一件事情的看法，其中包括解决问题的方式。而思维在运营工作当中也是无处不在。特别是对于高阶运营来说，不是一味往前冲就行，很多时候要思考很多的东西。其实思考方式，本质上就是你的思维是否够全面。而这也是决定你能否晋升为高级运营的决定因素。

那你知道做运营的思维都有哪些吗？

9.5.1 用户思维

用户思维，顾名思义，就是"站在用户的角度来思考问题"的思维。或者更广泛地说，就是站在对方的角度、换位思考（如图 9-5 所示）。不管你做活动也好、做内容策划也好，还是投放广告也罢，其本质都是为了能够吸引用户关注，进而转化为自己的粉丝。那么这时候你就需要站在用户角度去想问题做事情。这时候你就要：做到用户体验至上。

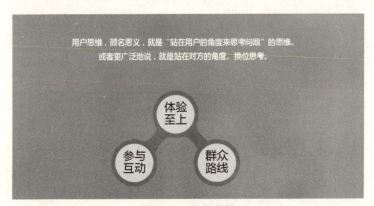

图 9-5 用户思维

在移动互联网时代做运营，第一个要义就是"以用户为中心"，以用户

为中心的第一个原则就是体验。两个产品解决同一个需求，一款产品不管从 UI、UE 还是其他视觉方面都做得顺畅无比，而另外一款则是 BUG 无比多，登录按钮都要找半天，你会用哪款产品呢？

而体验至上更是要做到沉浸式体验，即包括人的感官体验，又包括人的认知体验。比如游乐场，迪士尼主题乐园，很多项目对人有一定的挑战性，主要是利用人的感官体验，让人感觉到快乐或者惊险。

而王者荣耀为什么会在 2017 年成为最受玩家欢迎的游戏呢，你想想看，当有一个公司专门为了你如何对他们的游戏沉迷而设立一个团队以及做出深度研究时，玩家是不是不沉迷都很难呢。所以在这个时代做运营，你做活动也好，做内容也罢，你在体验上得先要用户感兴趣或者存在好感度。

要给用户参与互动的机会

《花千骨》这部电视剧大家都知道吧。它是改编自 fresh 果果的同名小说，讲述少女花千骨与长留上仙白子画之间关于责任、成长、取舍的纯爱虐恋。说远了，我们不说剧情，我们只说运营。

当时为了能够贴近读者需求，使情节更吸引人，电视剧《花千骨》从宣布拍摄、剧本改编、选角色、电视剧拍摄，到主题曲制作，始终贯穿着制作团队与网友的密切互动。

官方就通过官方微博、贴吧、社交网络等渠道征集网友意见反馈，根据观众需求和倾向调整剧情。比如剧中，异朽阁阁主、暖男东方彧卿处心积虑报复白子画，却逐渐被花千骨感化，并爱上了花千骨。网友对此人物命运的关注度较高，在网友建议下这部分剧情就得到充分发掘。还有《花千骨》剧组也公开征集电视剧主题曲及配乐，收集了网友制作的 20 多首主题歌 MV。制作方从网友创作的歌曲中挑选了几首，交由专业歌手演绎。

通过这些运营，《花千骨》成为 2015 年最受关注的电视剧是意料之内的事情，因为这部电视剧从制作到播出，都与观众保持着最密切的互动，而且可以实时让用户参与进来一起制作。

群众路线

我们做的很多运营工作，其实都需要用户的反馈意见，我们通过分析用户的需求，把需求转化为服务用户的功能工具，就是反映需求来源用户而服务于用户。所以我们才会经常说，要学会需求分析，要多听用户的，用户的需求就是我们的追求的目的。

当年的小米走的就是群众路线。当时小米就是把大家发动起来，在小米论坛广泛讨论小米的功能设计，小米用户在小米论坛发布了超过 1.5 亿条意见，而这些意见建议经过小米官方处理之后，成为推动小米前进革新的动力源泉。

9.5.2 数据思维

数据思维是指通过各种方法收集用户的数据，了解用户需求，然后改进决策，不断迭代的过程（如图 9-6 所示）。数据分析不能为了分析而分析，而要将落脚点放到业务、产品和用户上。比如产品经理，数据分析应该帮助产品经理不断优化产品设计和迭代，驱动产品和用户增长。而对于运营，也需要通过数据分析，监测内容的阅读情况以帮助我们改进内容的调性等。

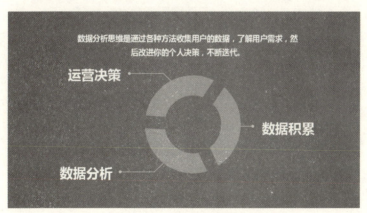

图 9-6　数据思维

数据积累

数据分析必须拥有数据来做支撑。所以数据积累是第一步，没有数据也就没有后面的任何分析动作，所以你得先要找到数据来源。那么在互联网的产品当中，想要获取数据源，都有哪些渠道呢？

第一种：使用第三方统计分析标准 SDK 接入到应用中。APP 是获取用户移动端数据的一种有效手段，在 APP 中预埋 SDK 插件，用户使用 APP 内容时就能及时将信息汇总给指定服务器，实际上用户没有访问时，APP 也能获知用户终端的相关信息，包括安装了多少个应用，什么样的应用。单个 APP 用户规模有限，数据量有限，但如某数据公司将自身 SDK 内置到数万数十万的 APP 中，那么获取的用户终端数据和部分行为数据将会达到数亿的量级。

第二种：自己开发，精细化运营与产品决策。如果在企业有足够的预算以及技术力量足够的情况下，不妨自己开发后台，以获得更加准确便捷的数据源，为后面的数据分析动作提供高效以及准确的数据。

第三种：利用广告联盟的竞价交易平台。比如你从广告联盟上购买某搜索公司广告位 1 万次展示，那么基本上搜索公司会给你 10 万次机会让你选取，每次机会实际上包含对客户的画像描述。如果你购买的量比较大，积累下来也能有一定的互联网用户数据资料，但可能不是实时更新的资料。这也是为什么用户的搜索关键词通常与其他网站广告位的推荐内容紧密相关，实质上是搜索公司通过广告联盟方式，间接把用户搜索画像数据公开了。

第四种：与拥有稳定数据源公司进行战略合作。上述三种方式获取的数据均存在完整性、连续性的缺陷，数据价值有限。BAT 巨头自身价值链较为健全，数据变现通道较为完备，不会轻易输出数据与第三方合作（获取除外）。政府机构的数据要么全部免费，要么属于机密，所以不会有商业性质的合作。拥有完整的互联网（含移动互联网）的通道数据资源，同时变现手段及能力欠缺的运营商，自然成为大数据合作的首选目标。

数据分析

数据分析是指通过分析手段、方法和技巧对准备好的数据进行探索、分析，从中发现因果关系、内部联系和业务规律，为商业目的提供决策参考。

到了这个阶段，要能驾驭数据、开展数据分析，就要涉及工具和方法的使用。其一要熟悉常规数据分析方法，最基本的要了解例如方差、回归、因子、聚类、分类、时间序列等多元和数据分析方法的原理、使用范围、优缺点和结果的解释；其二是熟悉 1+1 种数据分析工具，Excel 是最常见，一般的数据分析我们可以通过

Excel 完成，还要熟悉操作一个专业的分析软件，如数据分析工具 SPSS/SAS/R/Matlab 等，以便于进行一些专业的统计分析、数据建模。

运营决策

一般情况下，数据分析的结果都是通过图、表的方式来呈现，俗话说：字不如表，表不如图。借助数据展现手段，能更直观地让数据分析师表述想要呈现的信息、观点和建议。

而这些数据分析的结果就是我们想要拥有的佐证，我们需要通过这些数据来实现精细化运营。

9.5.3 逻辑思维

逻辑思维，是人的理性认识阶段，就是运用概念、判断、推理等思维方式反映事物本质与规律的认识过程。做运营是非常重逻辑的一个工作，所以提高自己的逻辑思维能力变得尤为重要。

用逻辑思维做运营，不管你是做哪个版块的，基本都可以围绕：目的、目标、规划、执行、总结以及优化六个步骤去完成（如图 9-7 所示）。

目的。为什么要做这次活动？大家接到活动运营任务的时候，往往就想着怎么去完成，往往忽略去问为什么？大家可能觉得问为什么没有必要，其实不然。多问为什么是帮助你思考如何做好活动的必然过程。为什么要做这次活动？活动目的是为了什么？只有明确了活动的目的，才能更有效地确定活动的运营方向。

目标。比如，你接到一个要做活动的任务，这个任务希望促销某种商品。当你了解到其实促销这种商品的主要目的是为了提升用户活跃量，那么你会将活动内容和方向更朝活跃老用户靠拢。活动的效果才会更加好。

做活动无非是想在短期内快速提升运营指标，可简单概括为以下几点。

① 吸引新的潜在用户；

② 活跃固有用户；

③ 提高产品销量，提高转化率；

④ 提升或塑造品牌形象。

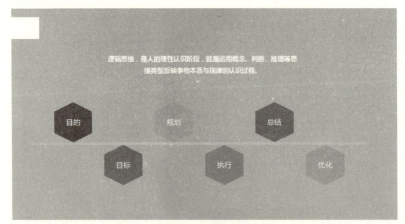

图 9-7　逻辑思维

活动的目的就像汽车的方向盘，活动运营人员只有明确了活动目的才不会在后续的步骤中偏离初衷。

规划。全盘规划这是对一个活动、一个事件最好的统筹。没有规划的事情尽量不做，所以一份活动计划很重要。比如你这个活动什么时候上线，活动主题是什么？每个模块的对接负责人是谁，如果活动执行过程中遇到一些不可抗力该如何应对，这些都是你做这件事的时候事先需要做好规划的。

执行。前期规划事无巨细，执行的时候才能得心应手。在活动得以顺利执行后，此时的运营人员应把目光放在活动的反馈系统。比如打篮球要有记分牌，比如《我是歌手》要统计观众投票，这都是反馈系统的一环。如果把目标，规则，反馈系统都想明白研究细致了，又有参与者来参与，活动的执行也就水到渠成了。

总结优化。有总结才有进步，所以活动最忌讳的是没有复盘，没有复盘的活动是一个不完整的活动。需要通过活动的总结复盘，不断去发现问题然后去优化环节，这样才能把活动越做越好。

9.5.4　场景化思维

场景化思维其实更多的是一种从用户的实际使用角度去出发，将各种场景元素综合起来的一种思维方式。而其四要素分别是空间、时间、人物以及事件

（如图9-8所示）。

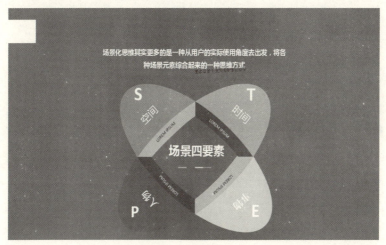

图9-8　场景化思维

空间（SPACE）。场景中的这个因素很容易理解，无论任何事情任何场景的发生、发展都要依托一定的物理空间而存在（Where）。只不过场景化营销的物理空间可能有特定的要求，比如背景音乐、灯光色彩、周围道具的摆设、装修风格、气氛等都会有影响。因为场景化营销中很重要的一点便是用户的很多需求往往是对外在环境的应激反应。

时间（TIME）。场景发生的时间维度（When）是场景化营销中较大的一个变量因素。时间具有随机性、不确定性和瞬时性几个特征，但是我们可以把它放在一个相对稳定的维度上来理解，人们对于特定情愫的存储是有记忆性的，场景化营销要做的就是"激发"，然后尝试着满足这种情绪状态，如果能做到场景和情感连接的连续触发，相信还是有很多文章可以做的。

人（PEOPLE）。人是场景里的主体（Who），以往我们对主体的探讨就是做用户画像，了解一个人群的年龄层次、性别构成、地域分布、收入以及喜好等。

在场景化营销中，主体变得更加个性化，营销者需要把主体从"We"转变为"Me"，也就是要以个体为中心，更加重视个体的情感需求，场景化营销需要从个体发起互联响应。

事件（EVENT）。笔者将场景化营销中发生的人与人之间的互动关系称为"事件"（What）。这个不难理解，所谓的互动关系即产品营销与用户情感需求的交互与匹配响应。要满足用户在不同场景下不同的情感诉求、烘托现场情绪，实现营销内容和个体的情感共鸣，营销者需要在场景内容上多下功夫。产品经理及运营者需要在产品设计和运营规划时考虑到场景内容的关联性、趣味性，通过好玩、好上手的设计与内容将碎片化的情感诉求转变为"群体"的共鸣反应。产品运营者再借助相应地互动、鼓励等方法提高营销转化。

举个例子，租车这款产品的主要场景是自驾游，自驾游可分为都市白领和学生短途周边自驾游和旅游爱好者长途川藏青海游等，除了自驾游外，还有商务出行、新手练车、春运回乡用车、出险替代用车等长尾场景。基于这些分析，运营就可以包装类似活动，如二线城市周边全家周边游打 8 折还赠送户外帐篷主推使用轿车、成都川藏长途游随车赠送汽车储备主推探险 SUV 车型、本本族练车赠送免费 2 小时 58 陪练等。这些案例都是从用户和用户的使用需求出发提供服务，通过一系列场景化运营活动来提升业务目标。

9.5.5　流程化思维

流程化思维是指在具体制订某项运营工作计划的时候，需要先完整描述用户参与的全部流程，并且针对流程中的每一个关键节点进行详细设计的思维方式，如图 9-9 所示。

我们拿刘易斯（Lewis）提出的 AIDAS 原理来解析。AIDAS 原理是用来说明广告对消费者产生的不同作用，因为每笔交易的背后都是一个具体的人或集体，越把注意力集中在这个具体人或集体的需求上，便越能较快地吸引他（们）来购买，但这个潜在欲望有时需要加以诱导，因为消费者作出购买决定是一个逐步发展的心理过程，称为 AIDAS 法则，即 Attention（注意）、Interest（兴趣）、Desire（欲望）、Action（行动）、Satisfaction（满意）。

而现在做 SEM 的小伙伴在投放广告时，基本就在遵照这个流程去走，比如当用户看到你的广告展示时，怎么样才能吸引用户呢？

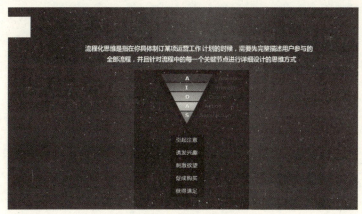

图 9-9 流程化思维

第一、展示量。

① 匹配形式。(更改匹配形式,让更多潜在用户看到你的推广信息)。

② 关键字排行。关键字排行越靠前,用户就越简单看到你的信息,关键字排行 = 质测量 × 出价。

③ 关键字的数量。关键字的数量越多,你的展示量会更多(注意:要依据检索词陈述否定一些无关的查找词和依据关键字陈述否定一些低展示低点击没转化的关键字)。

④ 推广时间的长短。一些 SEM 人员设置账户推广在日间,夜间就把账户暂停了,有时一些用户夜间查找关键字就看不到你的推广信息了,你的关键字就得不到展示。

⑤ 推广地域。推广的地域越广,覆盖的人群越多。

⑥ 推广预算。账户每天都会有一定的预算,当用户的预算额用完,账户暂停,再不展示推广信息。

第二、点击量。当账户的关键字得到足够多的展示,这时如何才能引导用户去点击?

① 关键字的构思度。

② 关键字与构思度的有关性。

③ 账户构造很重要,合理的方案推广方案,推广单元。

第三、访问量：当用户要点击你的推广信息时，要让用户顺畅又快地翻开你的页面。

第四、咨询量。当用户点击登入后，能否吸引用户进一步征询，首要几个因素如下。

① 关键字与登入页面的有关性，（假如点击关键字进来，页面内容与关键词相关不大，会造成很大一部分流失）。

② 登入页面的内容是不是满足用户的需要。

③ 登入页面的体验是否舒适。

第五、订单。当用户有愿望去采购你的商品，就会联络你们，这时是不是可以达至订单，客服至关重要。

① 客服的答复速度,当有人征询商品的信息/服务时,尽快答复,作出答复。

② 客服的态度。

③ 客服的专业性，客服要对用户专业地介绍商品/服务，答复用户的疑问，这会增加订单的成功下单率。

9.5.6 杠杆化思维

杠杆化思维指的是以一个核心杠杆点，去撬动更多事情和成果发生的一种做事思维。

运营工作往往都是在资源、资金、人力都不够充裕的情况下去实现更大的可能。而这也是很多人不能成功进阶的原因之一，因为很多人都没办法坚持下来，更直接地说就是没有利用杠杆化去撬动更多的资源发生无限的可能。

好比很多小伙伴做活动运营的时候，眼光只是局限在自己的业内或者自己的企业内，这样的活动不做也罢。因为做了也不好。而是应该去寻求更多的品牌资源加入，以求扩大活动的传播效果。

简单来说，当一家公司"营业净利"成长，快过"营业额"的成长时，我们就说它使用了运营杠杆。相反的，当它的营业净利成长慢过营业额成长时，则是缺乏运营杠杆。同样地，当我们 ROI 大于获得用户的成本时，说明我们有在利用杠杆化思维去做运营，以最小的投入实现最大的结果。

9.5.7 生态化思维

生态化思维是一个整体的做事方式，他要求运营人必须从多面考虑做一件事会不会影响其他版块的运行。

我们以构建一个 UGC 生态型网络社区为例。一个健康的社区必须具备三大元素：人、内容、规则。

比如图 9-10，用户能够第一时间获取他们需要的优质内容。而内容提供方（生产者）能及时获得激励（供养），进而源源不断地提供优质内容。而官方则需要通过运营及产品干预的核心来保证内容与用户的高度匹配，以及促进优质内容能够流动，并吸引更多的内容消费者、更多的注意力。

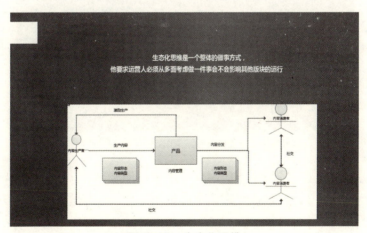

图 9-10　生态化思维

在打造内容供应链的时候，应该考虑下面几点。

① 明确产品的内容形态形式和类型是什么，具备什么样的特点，生产门槛是否高或低，UGC 形式的产品如何去降低生产门槛。

② 明确内容生产者是谁，考虑如何激励内容生产。

③ 如何对生产的内容进行管理，比如如何建立一个内容审核标准。

④ 如何分发内容以满足生产者和消费者需求？目前常见的内容分发方式

有个性化推荐、热门、分类／专题／频道／话题、编辑推荐、关系链（关注／用户主页）、最新、LBS（同城、附近的人），系统推送等方式。

这是一个全面且循环的思考方式，只有这样，才能够包装整个社区有条不紊地运营下去。

9.5.8　商业思维

商业思维其实就是发现市场需求，把市场需求转化为赚钱机会（如图9-11所示）。

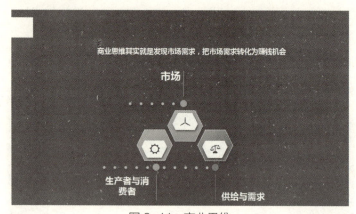

图9-11　商业思维

一般来说，当市场发生变革时，生产者与消费者、供给与需求都会发生明显的变化。所以只有抓住了这几点的需求变化，才能与时俱进，在风口不断变化，新的经济浪潮来临时，每次都能更新自己的商业思维能力。

9.5.9　极致思维

在互联网企业，为了让用户需求得到更好的满足，有"产品经理"一职专门负责对用户需求进行挖掘和分析。而做运营的，基于对用户需求的深度认知，也需要对用户的运营工作做到极致，让用户产生超乎预料的体验。而这些超乎预料的体验可以是整个活动的有趣，可以是页面丰富有美感也可以是抓人眼球的创意,如图 9-12 所示。

或许你已经参加过无数次的企业活动游戏了,有些就是让人有种爱不释手的感觉,无论是界面设计还是操作流程以及给你的反馈都是超乎想象的,而有些则是在体验上就已经让你望而却步了。这就是一个运营人有没有用心在做这个活动或者游戏的区别了。

做极致化的运营,需要"需求要抓得准"和"自己要逼得狠"。

在研究用户需求时,需要做到不单单是用户现在缺少的,而是要考虑在活动里面哪个节点上设置诱惑需求点。

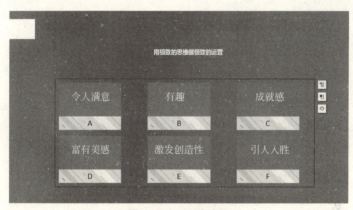

图 9-12　极致思维

根据需求的概念可以看出,任何一个顾客在消费某件产品时,必定是其先对该件产品有相应的需要,才会产生相应的消费行为。

从运营角度来讲,研究用户对产品的需要感,实际上就是研究如何激发顾客对产品的兴趣、缺少、欲望、缺乏等需要境界内各层面的感觉,尤其是缺乏感方面。当一个顾客对某件产品产生了缺乏感时,那么购买行为会很容易完成。所以运营要不断地激发相应用户对产品的缺乏感,由此才会获得更多的传播、赢利效果。

9.5.10　跨界思维

跨界思维本质上是一种开放、创新、发散的思维方式。我们所从事的行业本身就在互联网，互联网的属性就在于开放，只有开放才有可能产生更多可能。做运营也是如此。不管你是做新媒体运营、活动运营还是内容运营，要想产生更多的可能性，就需要与别人合作，擦出思想的火花，如图 9-13 所示。

图 9-13　跨界思维

比如 2017 年的"杜蕾斯感恩节十三撩"。杜蕾斯在感恩节的感谢海报上，一下谢谢了包括德芙、绿箭、士力架、宜家、吉普等在内的十三个世界级品牌，而这些品牌分布在饮食、汽车、家具、电器等不同领域，而杜蕾斯作为成人用品的代表品牌，能够很巧妙地与这些不同领域的品牌产生联系，可见其市场运营团队的智慧。虽然杜蕾斯市场团队的强大我们早已习以为常。但这次杜蕾斯运用跨界思维，将十三个世界级品牌与之产生联系，而且还不生硬，实在高明。

其实，运营人的眼光千万不要只局限于自己的领域，而是要看的广，只要目标与消费者一致，就有可能产生奇妙的化学反应。

其实有些人做运营的时间虽不长，但是其成就，能拿得出手的案例却有很多，而有些人做运营许久，但是成功的案例却少的可怜，中间的差距就在于思维。学多点，想多点，其结果往往都会大不一样。

结　语

在写完这本书的时候，总觉得漏了什么。但是每次落笔的时候都会有些恍惚。后来我想了很久，终于想到了所有运营人都会关心的两个话题，还应再唠叨几句。一是——"全栈运营"这个词，即如何成为全栈运营者，以及未来运营会在企业中扮演怎样的角色；二是作为产品运营者，如何让自己更加"值钱"。

先来说说第一个话题：什么是全栈运营以及运营的发展趋势是怎样的。我在书中说到了产品运营的发展史、较多的产品运营案例和一些个人的运营方法论，但我很少提到"全栈运营"这个词，而本书的主题又是"全栈运营"，这是否有点自相矛盾呢？其实，我之所以将这四个字提出来，主要有两个目的：书中涉及运营的方方面面，包括内容、活动、数据、产品、用户、技能等运营人常问的问题，也就是说，能把运营这个领域吃透的人很少，更别说是"全栈运营"了。你连产品运营领域的事都没弄明白，就想去学技术、产品等更加偏理性化的知识，这样子只会"摔跟头"。不可否认，"全栈运营"是互联网发展的未来，也是运营从业者寻求的发展方向，但我们不能"一步登天"，只有在你对运营比较熟悉、懂得运营是怎么回事、可以玩得转的情况下，才能去往"全栈运营"所在的方向。所以，我对"全栈运营"的理解是，这是一个过程，需要你踏上一个个阶梯，不断攻破各种难题，才有可能在未来成为"全栈运营"人才。可能在你已经是个"全栈运营人"时，你可能都浑然不知，因为"全栈运营"是个虚拟概念，并不像大家所熟知的运营总监、产品总监等头衔，所以，我们要让"全栈运营"更加标准化、规范化，这得靠我们这一代的运营者去完成。

毫无疑问，运营已经慢慢成为企业的中坚力量，很多时候，没有运营就没有企业接下来的一切。之前我跟很多企业的CEO都聊到了这样一点：技术和产品固然重要，但是最终都得落在运营上，没有运营，产品的技术再高也没有办法实现价值，无法成为一个人人都可使用的商品。也就是说，运营是产品生产流程中发光、发亮的重要一环，没有它，该产品就不会被更多人使用到。

但问题是，有些人不怎么看好它，这里的"有些人"指的是大多数运营人，即初级运营或刚进入这个行业的运营人，他们认为运营的门槛比较低，所以被很多人吐槽"就像打杂一样"。在我看来，不管做什么行业，都是"由低到高"的过程。而当你位于行业底层的时候，你可能会觉得无非就是这样而已，这就是我们常说的底层思维，因为他无法从全局去看这个行业，所以就觉得没什么。而当你做到高层之后，就可以把这个行业看得比较清楚，再加上自己的一点思考，很快就能发现这个行业有无限未来。

因此我建议，当你在运营底层做一些机械化工作时，要有快人一步的思维，凡事都得从多个角度去看，还得经常带着问题思考，这样你才能跨过"打杂"的时光。

第二个话题就是，作为产品运营，如何让自己更值钱？其实我在想，这个问题应该是大家一直在努力的方向,但也是很多运营人觉得矛盾的地方！你看，现在北、上、广、深的互联网企业中，什么职位更重要？很多人都会说，那肯定是程序员和产品经理啦！此外还有那些UI设计师、视觉师啦！毫无疑问，在当今的互联网公司，纯技术工种的工资都不会低！因为他们掌握着一项核心技能。反观我们运营，可能天天就推推文、跟用户聊聊天、拉点粉丝，然后再策划一下公司活动就可以了！当然，这么说可能低估运营的作用了，但是对初、中级运营的人来说，这些是再正常不过的事，所以难怪薪水低、职位升不上去。导致这些情况出现的原因有二，一是自己的核心技能确实不咋地；二是这家企业不是以运营为驱动力，产品或技术才是核心。

这时候你该怎么办？你可能会说："无非就是跳槽或继续提升自己的硬、软实力呗！"是的！让自己更有市场价值的办法，就是找一家以运营而非产品驱动的公司，否则你再厉害，在里面都只是个边缘岗位，发挥不出自己的价值。那我们如何才能找到一家以运营驱动的公司呢？最直接的办法就是，看看公司老板对运营的理解，以及他是不是运营出身的，如果这两样都符合，那恭喜你，这家公司无论如何你都要想办法进去！因为老板是运营出身，那对运营肯定非常了解，所以他清楚在什么时候用什么人，才能让其发挥最大价值，而不是一味地做好功能。

看到这儿，很多人可能会问："现在很多公司的 CEO 都是产品或技术出身，反正就是偏技能型的。那我又该怎么办呢？"那你在面试时，就得看看老板是如何看待运营在公司发挥的作用了。或者，在 HR 面试你的时候，你可以试着问问公司是如何看待运营的。如果负责面试的领导非常认可运营对产品所带来的价值，那你大可加入，因为这家公司拥有运营者发光的氛围。

所以，作为产品运营者，在选公司的时候，一定要清楚运营在其中发挥的作用以及地位，这关系到你的价值是否会被发挥出来！

说完这些，我们再来谈谈如何才能掌握运营必备的技能、提高核心竞争力，以保证自己不会被轻易淘汰？

拿我自己来说。当年我在创业公司做运营那会，公司人员架构不完善，基本上运营、市场、设计、产品都是一个部门管——产品部。那时，产品部就承担着一款 APP 的设计、需求完善修改、上线运营推广等工作。而我所处的部门就是产品部。刚开始，我负责线上推广和 BD 合作，但随着对业务的深入了解，也慢慢开始接触其他领域。我那会儿对产品设计，管理根本没有了解，有些理论知识也是道听途说，甚至连原型都不会画，更别说什么原型工具了，但到了后来，当我承担起产品需求挖掘以及不断完善产品的任务时，就不得不去学习接触。这算是被逼出来的吧！因为如果我不去学，也不会有人来帮你；不会有人来帮你，这个项目就得耽搁，最终受害的还是自己。所以，我得学着去用原型工具画原型、收集用户需求、做市场调研、做项目管理、进行数据分析，基本上本属于产品经理的工作都被我摸了个遍，加上自己又有比较强的学习心态，所以很快就能得心应手。

经过上面一系列的"折腾"，一个本该做着用户运营、渠道投放、社群运营、品牌传播的产品运营者，最后却跑去做产品经理做的事了。而我觉得，这恰恰就是"全栈运营"者应有的态度以及技能。虽说没有那些能将需求挖掘、功能开发、产品设计、测试、上线、推广、运营都做得很好的"全方位"的人才这么优秀，但在现阶段，如果你能跨"产品"和"运营"这两个部门去承担一些工作，你已经足够优秀了，也算是具有核心竞争力了。

最后，祝你在"全栈运营"的路上保持好学，以积极的态度投身这一领域，因为在不久的将来，运营在企业中发挥的作用将会越来越大。未来将至，运营正在慢慢流行！